伊勢崎賢治 ISEZAKI Kenji
×
井筒高雄 IZUTSU Takao

リベラルと元レンジャーの真「護憲」論

ポット出版
プラス

リベラルと元レンジャーの真「護憲」論●目次

はじめに
私の「新9条論」／伊勢崎賢治

私はなぜ「9条改正」を主張するようになったのか……8
「グローバル・コモンズ」を掲げなければならない日本の宿命……12
武力ではない手段で紛争予防や信頼醸成に貢献する……14
自衛のための戦力を規定して法律で厳しく規制する……16
地位協定を改定して、真に対等な日米関係に……20
9条改憲の議論を避けるべきではない……23

第1章
国連ミッションの歴史的変貌
交戦主体となった国連PKO

国連PKO活動は内戦に対する国際社会の責任……26
国際人道主義と内政不干渉原則の妥協の産物……28
PKO部隊は「紛争の当事者」になることも……30
自衛隊を南スーダンに派遣した根拠は?……32

第2章
自衛隊のPKO派遣は憲法違反である

南スーダンは戦争状態にあった……36
国際法上の「戦争」の定義とは……38

認められるのは自衛の戦争だけ……42
多国籍軍（PKF）の限界と自衛隊の役割……46
「軍」ではない自衛隊はPKOに行けない……50
日本政府が南スーダンへの武器禁輸決議案に反対……56
自衛隊ではなく、警察を派遣すべきだった……58
自衛隊員の命の値段……63
邦人保護というけれど……68

第3章
国連PKOの憂うべき現状

「アセスド・コントリビューション」と「ボランタリー・コントリビューション」……74
国連はつねに金欠状態……76
PKOは軽武装、歩兵主体の大所帯……79
国連安保理事会は戦勝5大国の戦後統治システム……82
シリア問題をどう見るべきか……83
PKO派遣国の実態と日本の政局……86
PKOが抱える内部規律の乱れ……88

第4章
南スーダン撤退で明らかになった
安全保障の重大欠陥

なぜ「日報」は隠されたのか……96
なぜ自衛隊撤退を決断したのか……99

平和憲法の国の思考停止 〜日本には、軍事裁判所がないという根本問題……103
何が国防の「礎」か。これは憲法の問題だ……107
「9条を護る」とはどういうことか……110

第5章
矛盾する憲法9条と安保法制で日本は守れない

憲法9条が否定しているのは「自衛戦」である……114
議論がかみ合わない護憲派、本音を言えない保守派……117
南スーダン、ジブチにおける「外交詐欺」……119
国連PKOの歴史的な転換をスルーした日本……126
不毛な安保法制論議をいつまで続けるのか……129
個別的自衛権の発動による交戦を認めよ……136

第6章
護憲派こそ憲法改正案をつくるべし

安倍改憲案は法理の破壊だが………146
緊急事態条項は不要である……148
「護憲」のジレンマ——自衛隊と9条……151
自衛隊のジブチ駐留と日本の「法の空白」……152
憲法を変えなくても?……156

第7章
日米地位協定を正常化せよ

なぜ日米地位協定を変えようとしないのか……162
異常な日米関係の元は「日米地位協定」……168
地位協定の国際標準は「互恵性」……171
地位協定改定は反米運動ではない……174
忘れてはならない「もう1つの地位協定」……176
VFPと帰還兵たちの悲劇……177
平和構築学と若者たち……180

おわりに
吉永小百合さんへ
／伊勢崎賢治……185

対談を終えて
元自衛官の視点から、「憲法改正」そして「戦争と平和」を考える
／井筒高雄……189

はじめに

私の「新9条論」

伊勢崎賢治

私はなぜ「9条改正」を
主張するようになったのか

　私はしばしば「紛争解決請負人」と紹介されることがあります。ちょっと赤面したくなる呼称なので個人的には止めてもらいたいのですが、私は人生の大半を、国際開発援助団体、国連PKOミッション幹部、そして日本政府の代表として世界の紛争地での紛争処理、武装解除などに当たってきました。紛争地における無辜(むこ)の住民の悲惨な境遇をいやというほど見てきました。ですから、世界の平和を願うことにかけては人後に落ちないつもりです。

　その私はこれまで、憲法9条を変える必要はないという立場でした。国際法の観点からはふつうの「戦力」である自衛隊が、日本政府もそう見えることを認めているのに、国内法的には「戦力」ではないというのが歴代政権の「解釈」ですから、明らかに憲法と現実に大きなギャップがあるのは問題です。

　でも、まだそのギャップは「許容範囲」であり、何より憲法9条が起因しているように見える日本人の「人畜無害さ」は、そのときすでに泥沼状態になりかけていたアメリカの対テロ戦を解決に導く唯一の希望になると思ったからです。私がアフガニスタンで、2001年の9・11アメリカ同時多発テロを契機に始まった、この対テロ戦の黎明期の現場にかかわった2002年以降の話です。

　その「ギャップ」の解決のためにもし憲法改正が必要なら、それは護憲派リベラルが政権をとったときにやればいいだろう。それまでは、このギャップのまま、「人畜無害さ」を積極的に使い、アメリカが手こずる戦争の解決で"名誉ある地位"を目指せばいいと思っていました。そして、ついに2009年、戦後初めて、選挙

によってリベラルが政権をとりました。私の旧知の護憲派の議員たちも政権の中枢に入ることになりました。

この戦後初の好機に、護憲派は「護憲」の問題を解決すべく、そのギャップに向き合ったか？　逆でした。ギャップをさらに広げたのです。自民党の前政権が駆け込みで決定した自衛隊のジブチ駐留の強化と、南スーダン国連PKO派遣です。その詳細は、井筒さんとの対談の中で展開します。

私はこの２つの派遣を、戦後最大の違憲行為と位置付けています。それをやったのが「護憲」の政治なのです。失望のどん底にいた私のコラムが「憲法9条は日本人にはもったいない」と題して朝日新聞に載ったのは、このころです。これを期に、それまで引っ切り無しにあった「九条の会」からの講演依頼が、ピタッと止まりました。

そして安倍政権です。「護憲」勢力は、集団的自衛権の行使容認と安全保障関連法（安保法）を「違憲」として、安倍政権を鬼子のように悪魔化するだけ。確かに、安倍政権は問題ですが、「違憲度」から言ったら、ずっとマシなのです。だって、旧民主党政権がやった南スーダン派遣を止めたのに加え、新しい自衛隊の派遣をまだ何もやっていないのですから。

安倍政権が「ギャップ」の解決策として提示したのが、憲法9条1項と2項をそのままに、追加項で自衛隊を明記する「安倍加憲」でした。ある意味「護憲」なのですから、護憲派は見事に足をすくわれたことになります。

しかし、対談の部分で展開するように、メチャクチャです。ギャップの矛盾を矛盾として明記することで、法理の完全崩壊、もはや憲法とは言えません。与党自民党が国民投票に向けて出し

てくる最終改憲案がどのようなものになるかまだ分かりません。しかし、「安倍加憲」が戦後からずっと続く憲法論争に終止符を打つものとしてプレゼンされた衝撃は、憲法学者を含め私の周りにいる「護憲」の論客たちの慌てふためき方を見ても、絶大です。だって安倍加憲は正直すぎる「護憲」なのですから。

でも、従来の「護憲」で、安倍加憲を阻止できるか。私の答えは、否。

「護憲」とは、「ギャップ」、つまり現実との矛盾を矛盾としないためにやってきた「解釈」という本来は違憲行為の維持です。護憲派は、「解釈改憲派」と名を改めたほうが、その本質を的確に表現できます。本著の対談で展開するように、その「解釈」はすでに限界を超えています。もしかしたら、異国の民を傷つけるかも知れないほど現実は進行しているのです。この瞬間も、です。従来の「解釈」は、これも対談で明らかにするように「国際人道法」的に、一刻でも許容されてはなりません。

次に、国民投票での勝算です。自衛隊明記はあまりにも胡散臭いという世論形成ができたとしても、追加項がもし「前項は、国民の生命と財産の安全を保障するために必要最小限の実力組織の保持を否定するものではない」みたいにプレゼンされたら、Jアラートで机の下に潜り込む我が国民に、そのトリックが見抜けるでしょうか。自衛隊を明記しなくても、目的は達成できるのです。

さらに、そういう加憲のトリックを見抜いていても、ただ「変化」のためだけに、支持する層も、絶対的に存在します。私は、「加憲」を阻止する勝算はゼロだと思います。

そんな思いから、私は「新9条論」を提唱し始めました。非戦という護憲の「精神」を厳格に守り、「解釈改憲」の矛盾を真正

面に捉え、誤魔化すことなく正直に是正するのです。

つまり、9条1項を維持し、加憲でなく、2項を次のように全面的に改正するのです。

私の憲法9条改憲案

「日本の領海領空領土内に限定した迎撃力（interception forces）をもつ。その行使は国際人道法に則った特別法で厳格に統制される」

この9条改憲案については、次に挙げる日本の安全保障のビジョンが前提となります。

❶日本国民は、国際連合憲章を基調とする集団安全保障（グローバル・コモンズ）を誠実に希求すること。
❷前項の行動において想定される国際紛争の解決にあたっては、その手段として、一切の武力による威嚇又は武力の行使を永久に放棄すること。
❸自衛の権利は、国際連合憲章（51条）の規定に限定し、個別的自衛権のみを行使し、集団的自衛権は行使しないこと。
❹前項の個別的自衛権を行使するため、陸海空の自衛戦力を保持し、民主主義体制下で行動する軍事組織にあるべき厳格な特別法によってこれを統制する。その行使にあたっ

> ては、国際人道法を基調とする交戦を統制する全ての国際法を遵守するにおいて国際社会の模範たる地位を占めること。
> ❺個別的自衛権の行使は、いかなる状況においても、日本の施政下の領域に限定すること。

「グローバル・コモンズ」を掲げなければならない日本の宿命

❶にある「グローバル・コモンズ」とは、「世界的な公益」といった意味の言葉です。これを最初に掲げるのには、いくつか理由があります。

まず、さまざまな脅威を1国家の問題ではなく地球規模の問題として考えようというのがこの間の世界的な動向だということです。地球温暖化などもそうですし、「テロとの戦い」もそうです。

2001年9・11を契機にしたテロとの戦いは、アメリカの個別的自衛権を根拠に始まりました。「明日は我が身」ということでNATO（北大西洋条約機構）がアメリカの個別的自衛権に続き集団的自衛権を発動し、ほぼ同時に、国連安全保障理事会が地球規模の脅威「グローバル・テロリズム」と捉え決議し、ロシア、中国を含む国連全体の集団安全保障の措置として位置付けられ、今日に至っています。日本人は、今のところ危機感は全然抱いていないようですが、全世界が「明日は我が身」の問題なのです。

一方で、忘れてはいけないのは、その国連において、日本は今

も「保護観察中」の身だということです。国連はもともと第二次世界大戦の戦勝国が世界に君臨し続けるために生まれたシステムで、国連憲章には「敵国条項」がいまだに生きており、日本はこの「敵国」なのです。「敵国」が違法な武力行使などをした場合には、安保理の許可なしに、寄ってたかって殲滅していいと定められています。

　われわれ日本人としては悔しいけれど、それが現実ですから仕方がありません。日本は、未来永劫、善行を重ねて世界からの信頼を醸成し、子どもの代か孫の代か、いつか「もう許してやろう」と敵国条項が廃止されることを、ひたすら目指すしかないのです。

　護憲派とっては、うれしい知らせでしょう。国連憲章がある限り、世界は日本が犯した戦争責任を許さないことを基盤に国際秩序を維持し、日本を世界で一番、武力行使をやり難い国にし続けるのです。明日、憲法9条がなくなったって、全然だいじょうぶです！

　日本が国連憲章を中心に国際法を基調とするグローバル・コモンズに全面的に依存しなければならない理由は、もう1つあります。直に日本の国防の問題です。

　日本の海岸線上には、原子力発電所がずらりと並んでいます。それも、「仮想敵国」の側に、です。国防を最優先に考えるなら、まず、ありえない。

　この愚行を、あえて理論的に説明するとしたら、われわれは「仮想敵国」を含む国際社会の良識と善意を前提として、国防を考えてきた、というしかありません。つまり、原発を攻撃するという国際人道法の違反行為は、あの北朝鮮政府"でさえ"決してや

らない。敵国は必ず国際法を守るという前提がなければ、日本の国防は、その概念さえ成り立たないのです。

つまり、日本という国の形は、国連憲章の「敵国条項」によって決められ、その国防は「交戦のルール」である国際人道法を中心とする国際法のレジームに、どの国よりも、依存するのです。日本ほど、国連と国際法を基調とするグローバル・コモンズに、その行動を委ねるべき国はないのです。

武力ではない手段で紛争予防や信頼醸成に貢献する

その一方で、安全保障ビジョンの❷では、そのグローバル・コモンズの実現のためであっても、われわれは武力を絶対に行使しないことを厳命しています。たとえ国連PKO（平和維持活動）への参加であっても、武力は使わない。

では、代わりに何をするのか。それはたとえば、国連の軍事監視団に自衛隊員を派遣するというのが1つのあり方だと私は考えています。

PKOは、国連平和維持軍、国連文民警察官、そして、かつての私のように文民官というようないくつかの「部署」で成り立っていますが、欠かせない部署として国連軍事監視団があります。これは、各国の指揮官クラスの軍人たちで構成されるもので非武装が原則です。

PKOは、対峙そして対処しなければならない現地の武装勢力と対話を重ねて信頼関係を構築することがミッションです。中立性が求められるPKOですが、やはり武装していますので突発的な事

故によって紛争の当事者になり、それが失われる場合があります。その中でも最終的な「中立」をPKOに担保させるのがこの国連軍事監視団です。国連平和維持軍も監視対象になります。「安保理の眼」と言われるのはその所以です。危険ですが非常に名誉ある任務です。1つの監視団は数百人規模ですから、そこに十数名の自衛隊員を送るだけでも、大きな存在感を発揮できるでしょう。日本のお家芸にするべきです。

　現在、イラク、シリアで地上戦では敗北しつつある「IS・イスラム国」は、今後世界に分散することが予想され、今後も世界の脅威になり続けます。そのイラク、シリアでもそうだったように、地上戦には、ある時期に必ずお互いの殺傷と破壊に明らかな決着がつかず、停戦が模索される膠着期があります。それを逃すと、さらなる民衆の犠牲を生む交戦での決着に進むわけですが、そういう時には、必ず、中立な国際軍事監視団の派遣が議論されます。PKOだけでなく、アメリカの戦争であっても、あえて軍事行動に加わらないことで、その終結に貢献できる立ち位置があるのです。

　以上、軍事にかかわる使命を代替するものではありませんが、どんな時でも、あらゆる手段を通じて、紛争そのものの予防に貢献することを忘れてはなりません。紛争が起こる国というのは往々にして、独裁者がいたり民族差別があったりと、内政問題を抱えています。そうした政府に対して、ODA（政府開発援助）などと引き換えに、「軍備を増強するな」「マイノリティへの弾圧をやめろ」といった「注文」を付けて、影響力を行使していく。

　紛争国は往々にして「資源国」です。原油、ガス、鉱物、レアメタル、そしてダイヤモンドなどの希少鉱物です。それらを加工

して流通させるのは、当の資源国ではないのですから、なぜ「資源」が紛争の火種になるのか、推して知るべきです。

護憲派の方々から、こういう分野でこそ日本は名誉ある地位を占めるべきだ、というような声が聞こえてきそうですが、安易に賛同するのは止めて下さいね。欧米では消費者運動の意識が急速に高まる中で日本は、こういう「紛争資源」を先進国の中で最も"無批判"に消費する国なのですから。

自衛のための戦力を規定して法律で厳しく規制する

さて、安全保障ビジョンの❸では、「個別的自衛権しか行使しない」ことを謳います。かつてのアフガニスタンやイラクのケースでも、給油活動などを含め参加しないことになります。一言でいえば、「自分の国が攻められたとき以外は武力行使しない」ということです。

その「自分の国」とはどこかを定めたのが、❺です。これはシンプルに「日本の施政下」。日本の国土と領空、領海のみです。自衛のための先制攻撃は禁止です。たとえ北朝鮮が核弾頭ロケットに燃料を入れたという情報が入ったとしても、それを叩く攻撃はしません。攻撃した敵が国外に逃げて本国に退却しても、それを追いかけて行く敵地攻撃もしません。これを高らかに謳いあげるのです。ここが大切です。

腰抜けだ、保守勢力に怒られそうですが、そういう向きに申し上げます。戦場にも行ったことがないのに空虚な武勇を振りかざすのは、おやめなさい。日本は、超大国の狭間でパワーゲームに

翻弄される典型的な「緩衝国家」なのです。それも、日本を緩衝材としてつかっているアメリカは、海の彼方の向こう。欧州のように同盟としてブロックがあるわけじゃない、孤立した島国。アメリカの仮想敵国は目と鼻の先。つまり、アメリカから最も遠い最前線で、原発という究極の「地雷」を海岸線にずらっと埋めた緩衝国家なのです。原発を廃炉にしても、この脆弱性は未来永劫続きます。

日本ほど、仮想敵国の国際法上の「良識」に頼らなければ生存さえできない国はありません。だから、国際法を誰より遵守することを謳いあげ、レジームとしての国際法の発展を常に先駆し、こんな国を虐（いじ）めたら国際社会全体を敵にする…。このレジームの発展を主導することを「抑止力」とすることしか、日本に生存の道はないのです。

一方で、領内に侵入したら、国民一丸、徹底して戦う。それも、国際法を誰よりも厳格に遵守して正々堂々と戦う。これを積極的に世界に広報し続けるのです。そうですね。年中行事にするために記念日を設けてもいいですね。名称は「ニッポン非戦デー」。絶対に領内から出さないけど国民一丸の戦力で国際法に則って勇敢に戦う、と。こんな潔い国に攻撃を仕掛けたら全世界を敵にすると仮想敵国に思い知らせる。これを「原発地雷の緩衝国家」日本の唯一の抑止力とするのです。

その国際法が国際人道法を基調とする「交戦」のルールです。同法の違反が、いわゆる「戦争犯罪war crime」で、人類が「絶対にやってはいけないこと」として歴史的に条約として合意し、積み上げてきたものです。そして、ここが大切なのですが、その違反行為を一義的に審理し裁く責任は、それを犯した国家にあり

ます。ルールは、ただ守ると宣言するだけではないのです。それを破ったときに厳格に裁く法と法廷の整備を伴って、初めて「遵守」となるのです。そして、その責任能力を、国際関係では、「主権」と位置付けるのです。

ところが、この「責任」を、日本人は忘却してきました。これも対談部分で明らかにしますが、憲法9条2項の「交戦権」という憲法制定時には国際法ですでに「死語」になっていたものを放棄するという平和の「恍惚感」で、戦争犯罪に対する、主権国家たる「責任」を忘却してきたのです。「戦争犯罪は想定しなくてもいい。だって戦争しないって言ってるのだから」というトンデモない言説が、憲法学者、法曹界をはじめ日本のコンセンサスになってしまっている。おわかりなると思いますが、これでは「法」が成立しません。詳細は、本文に譲ります。

だから❹では、自衛のための戦力——自衛隊でも、自衛軍でも、何と呼ぼうと国際法では「戦力」です——をしっかり法的に位置付け、厳格な特別法によって統制されるとし、その戦力としての自らが自衛のための「交戦」で犯す違反行為を、誰よりも厳しく、透明性をもって裁く姿勢を、国是の中心に据えるのです。

戦争犯罪を扱う法体系というと、「軍法会議」というふうに日本ではすぐに軍国主義への回帰というイメージが先に立って思考停止に陥ります。しかし、その法整備と運用の能力が「主権」なのです。

考えてもみて下さい。

民主主義国家。その体制下で飛び抜けた殺傷能力の独占を許された職能集団の機能を、その体制つまり民主主義を、外敵から護ることだけに特化させる。そのために、指揮命令と個々の構成員

の自由を最高度に厳格な特別法で縛り、なおかつ、その「護る」行為、つまり交戦において、その違反行為を人類が歴史的に定め積み上げた国際人道法に則り統制する。これが、この職能集団を、「文民」と明確に区別するものです。

　国家として、この区別の認識と法整備が、シビリアンコントロール（文民統制）の基盤なのです。自衛隊法の改定で対処できるという意見もありますが、それは間違っています。一行政機関としての懲罰事犯への懲罰と一般刑法では、この職能集団の能力の「突出性」とその行動の「国際性」を統制できないことを、人類は経験知としています。

　日本では、自衛隊のイラクと南スーダン派遣の「日報問題」、そして統合幕僚の制服幹部による国会議員への「罵倒事件」で、シビリアンコントロールの"甘さ"が問題にされましたが、そもそも自衛隊は「文民」なのです。日本には、シビリアンコントロールの概念自体が存在し得ないのです。シビリアンコントロールの構築には自衛隊の「戦力」としての実存をこれ以上ごまかしてはなりません。

　以上が、私の新9条論の基盤となる日本の安全保障論です。

　ただ、この「改憲」にあたっては、もう1つの根源的な問題を何とかしない限り、"全く"意味をなしません。その問題とは、日本の体内にいるアメリカの軍事力です。この問題は、日米地位協定に集約されます。

地位協定を改定して、
真に対等な日米関係に

　一般論としても安全保障の基本は、「いかに戦争・交戦を回避するか」です。「抑止力」の議論はそのためにあります。憲法改正を含め日本の安全保障政策をいくら改良しても、日本は息をしているだけで、アメリカのための「自動交戦国」だとしたら、いくら自力で交戦を回避する努力をしても全く意味がありません。

　アメリカはその国外に置く軍事拠点が最も多い国ですが、アメリカが世界で締結する「地位協定」はいくつあるかご存知ですか？

　100以上あると言われています。日米地位協定はその中の1つに過ぎないのです。実は、アメリカの地位協定の「今」を国際比較する本を出版しました。（※注）その調査比較の中で驚愕すべき事実が判明したのです。

　NATOのようなアメリカの同盟国ではもちろんのこと、フィリピンや、現在もアメリカの戦争の戦場となっている（だからこそ米軍に対する依存度が高い）イラクやアフガニスタンなどとの2国間協定でも、アメリカの出撃に「ノー」と言えないのは、「休戦」状態にある韓国を除いて日本だけです。

　それらは親米国なのに、なぜアメリカに「ノー」と言えるのか。それが、主権のある国家同士の集まりである「同盟」の文化なのです。だって、アメリカの出撃に敵国が報復するのは、アメリカ本土ではなく、米軍基地を置くその国だからです。国連憲章に保証されている主権の国防の観点からアメリカの自由出撃を許さな

※注　『主権なき平和国家　地位協定の国際比較からみる日本の姿』（伊勢崎賢治・布施祐仁／集英社クリエイティブ）

いのは、当たり前すぎる国際社会の通念なのです。

これが、日本にないのです。

もはや、日米地位協定の「改定」とは呼べません。「正常化」しなければならないのです。

私の「正常化」の骨子はこうです。

日米地位協定正常化案

日本の施政下のすべての在日米軍拠点（基地および空域海域）における日本の主権を回復する。

具体的には、

❶地位協定の時限立法化（更新可）、もしくは、米軍の（段階的・完全）撤退時の状況をビジョン化（すべての隣国との領土・領海問題の完全解決など）する。

❷在日米軍基地に米軍が持ち込むすべての人員、兵器、軍事物資、およびそれらを使用する全ての行動を日本政府の許可とし、環境基準も含めて全て日本の法令に従い、日本政府は随時なおかつ事前通告なしの立ち入り検閲権をもつこと。

❸在日米軍基地が日本の施政下以外の他国、領域への武力行使に使われることの禁止。

❹以上を総括する形で、日米地位協定を「互恵性」とするために、協定文に使われる主語を日本国、アメリカ合衆国ではなく、「派遣国」、「受入国」という表記で統一する。

多くの日本人には、そもそも他国の軍が自国にいることがおかしいという感覚がありません。戦後から今までずっとそうでしたから。しかし、そもそも兵力地位協定とは、他国の軍の駐留という「異常事態」を暫定的に制度化するものなのです。ですから、「どういう状態になれば米軍基地がいらなくなるのか」というビジョンを主権国家なら持つべきなのです。たとえば「すべての近隣諸国と領土・領海紛争がなくなったとき」というような……。

　一方で、現在の国際情勢は、冷戦が終結してもNATOという軍事同盟が維持されているように、同盟諸国が「大使館」を置き合うように駐留を維持するという状況になっています。1つの理由として、「テロとの戦い」のような地球規模の脅威の出現と集団での対処の必要性です。

　現在アメリカ政府は、こういう国際情勢の変化に対応するために、地位協定の「安定」を模索しています。つまり、突発的な軍事事故を契機として反米感情が爆発して完全撤退に追い込まれることの回避です。

　その一環として今や慣習となっているのが、❷の措置です。そして、NATOのような同盟間ではすでに定着しているのが、❹の「互恵性」です。

　NATO地位協定には国名の主語がありません。誰もが「派兵国」と「受入国」になる関係です。つまり、「アメリカがやることは相手国もできる」、もしくは「アメリカに対して相手国ができないことをアメリカは相手国に要求できない」ということです。つまり、「横田空域」みたいなものは、その概念さえ存在し得ないのです。フィリピンなどは2国間協定でも、裁判権においてアメリカに互恵性を認めさせているのです。

重要なのは、主権国家として（当たり前ですが）国防を主体的に考えられるか否か、です。アメリカと同盟関係にあっても、その同盟の運用が国防に跳ね返るリスクを同時に考えられるか否か、です。日本には、それが、全く、ないのです。

9条改憲の議論を避けるべきではない

私の新9条論は、数多くのメディアに取り上げられています。いわゆる「護憲派」の方からも、賛同の声をたくさんいただきました。

一方で、「こんなことを言い出すのは護憲派の間に分断を生む」と批判する方もいます。でも、それは分断と呼ぶべきことなのでしょうか？

「対安倍政権に向けた野党の結集を邪魔する」との指摘も受けました。でも、結集を支える理念がまちがっていたら？

はっきり申し上げます。

「護憲」で結集させてはいけません。

「護憲」のためにやってきた「解釈」の国際法との乖離と矛盾は、すでに極限に達しており、弱い立場の異国の民に人道問題をつくるまでになっています。これはジブチのことですが、対談で詳細を明らかにします。

護憲派の側からこうして「改憲」を言い出すこと自体が、改憲へのハードルを下げて安倍政権を利することになるという声も聞きますが、安倍首相は今、政治生命をかけて「最後の賭け」に出ていると私は思っています。今後もありうるPKO派遣などで自衛

隊員に犠牲が出れば、それをすべて「9条のせい」にして、一気に改憲になだれ込もうとするでしょう。自国の「兵士」の犠牲を政治利用しない政権はこの世に存在しません。そういう「事件」はいつでも起き、かつ、起こせます。「改憲」ということをひたすらタブー化すれば大丈夫、というような段階では、もうありません。現実的な危機感を持って下さい。

　本書は、元自衛隊レンジャーの井筒高雄氏との対談です。井筒氏は現在、アメリカの退役軍人たちを中心に結成された平和運動団体「VFPジャパン」の共同代表として日々精力的に活動されており、私が常日頃敬愛する方です。

　この対談を通じて私と井筒氏の安全保障観、国防観、そして改憲観はほぼ一致しました。戦後70年余のあいだに培われた日本人の安全保障と国防にかかわる「変わらない意識」はかえって日本を危うきにおとしめかねない。その危機意識とこれから私たちが向かうべき方向を、ぜひ本書で共有していただきたいと切に願います。

2019年6月

第1章

国連ミッションの
歴史的変貌

交戦主体となった国連PKO

国連PKO活動は内戦に対する
国際社会の責任

井筒…私は1992年のカンボジアへの初のPKO派遣にどうにも納得がいかず、いろいろ迷いましたが、結局自衛隊をやめました。

そのときも痛感したことですが、そもそも日本人はPKOへの認識というか、関心が薄いですね。そこそこ理解している人でも、誤解が多いように思います。

そこで、まずPKOとはなんなのかという基本から話を始めたいと思います。伊勢崎さん、そもそも国連は、なぜPKOを始めたのでしょうか。

伊勢崎…歴史的な経緯としては、東西冷戦時代には、国連安全保障理事会が常任理事国の拒否権で分断され機能不全に陥るのですが、もう1つの現象が同時に進行します。それは旧宗主国が植民地を手放し、新しい独立国家がどんどん生まれたことです。

植民支配を脱したのだからいいじゃないかというと、そうじゃない。旧宗主国が去った後の権力の空白を巡って民族対立が始まるわけです。旧宗主国に優遇されていた民族があったりすると、積年の恨みをはらすとか。内戦の時代の到来です。1994年のアフリカのルワンダで起きた大虐殺がいい例です。一般市民が、わずか100日間で100万人も亡くなりました。政府と親政府／反政府ゲリラが入り乱れて戦う典型的な「内戦」でした。

井筒…アフリカの小国で、なぜそんな途方もない内戦が起きたのでしょう？

伊勢崎…アフリカを植民地支配していた西洋の列強諸国にそもそもの責任があります。ですが、歴史を後悔してばかりもいられませ

ん。現在進行形で多くの罪もない市民が犠牲になるのですから。そこで、こういう問題を、国連を中心とする国際社会がどう解決していくか。第二次大戦後、国連ができて、人権という共通概念は飛躍的に発展しました。たとえ地球の片隅で起きていることでも、人権侵害を放っておけないと。

井筒…その国連ですが、そもそも国連にそんな力があるのかということなのですが。

伊勢崎…第二次世界大戦後、ポツダム宣言でいうところの地球侵略を企てた不埒者（われわれ日本のことです）を連合軍 United Nations がボコボコに成敗したわけですが、二度とこのような不埒者つまり侵略者を出さないため、地球上で起こる「武力の行使」を戦勝5大国が牛耳る。これが本来の国連です。

井筒…侵略者、つまり他の国の国民を虐める国家が現れたとき、国際社会つまり国連は戦勝5大国の号令の下、それを殲滅する。侵略国を征伐するという大義を持つと。

伊勢崎…でも内戦は、ある国がよその国にしかける侵略ではないですね。国民を虐めるのは国民が属するその国家なのです。これには国連も手が出しにくい。

井筒…そこで、国連の「内政不干渉」が出てくる。

伊勢崎…誰だって、他人に口出しされるのはいやでしょう。夫婦喧嘩に、頼みもしないのに赤の他人が割って入ってきたら余計なお世話です。国連に加盟した途端、内政に干渉すると言われたら、どの国も加盟しませんよね。だから国連は、「内政不干渉」が原則になっているのです。5大国もそれぞれに脛に傷を持っている。たとえば、中国のチベット問題のように。

　でも、世界は内戦の時代に突入し、方々で、いわゆる古典的な

戦争（国家間の戦争）と同じような、いや、それ以上の犠牲を出すようになってきた。

井筒…世界を統制する5大国として、国連として、何もしないのは、沽券にかかわると。

伊勢崎…そんなジレンマから生まれたのが、「PKO＝国連平和維持活動」なのです。

国際人道主義と
内政不干渉原則の妥協の産物

井筒…PKOは、内戦で罪もない一般市民が犠牲になるのを放っておかない人道主義ということなのですね。

伊勢崎…たとえると、ある一家の夫婦喧嘩。旦那と奥さんが、ものすごい殴り合いをやっている。ご近所は、窓越しにハラハラしながら見ている。そんな喧嘩状態がしばらく続けば当然2人とも疲れてくる。お互い、負けは認めないけど、誰かそれなりの人、第三者が肩を叩いてくれるのを、口に出さないけど心待ちにするようになる。これが、いわゆる「停戦の好機」なのです。内政不干渉を原則とする国連のPKOが割って入れるのは、こういうときなのです。

　旦那と奥さんの双方の了解のもと、介入する。ここでPKOは、旦那より腕っ節が強くなければなりません。そのとき、また殴り合いが始まらないように、力の脅しも必要です。抑止力ですね。だから、PKO部隊は武装するのです。

井筒…PKOとは、紛争の当事者（旦那と奥さん）の同意の下の第三者の「武力」介入であると。

伊勢崎…でも、その武力はあくまでお飾り。行使することはあまり前提にしていない。というのも、この夫婦ゲンカは、別に他の家に迷惑をかけているわけじゃない。つまり他国を侵略しているわけではない。国連として戦争するわけにはいかないのです。

でも、もしPKOの目の前で、停戦が破れ、再び殴り合いが始まったらどうするか？

井筒…それが起きてしまったのが、冒頭の1994年のルワンダの虐殺ですね。

伊勢崎…このとき、虐殺の首謀者は、政権を握る多数派部族のフツの民兵でした。それが、少数派のツチの一般市民に襲いかかった。これを止めるためにPKOが動けば、それは必然的に政権側に対して武力の行使をすることになる。つまり、国連と国連加盟国の政権との戦争です。

ですから国連は躊躇しました。でも、現場のPKO部隊は、何とか行動を起こしたい。当たり前です。目の前で、未曾有の大虐殺が起きているのですから。躊躇したのはニューヨークの国連本部なのです。

そうこうしているうちに、現場の状況は手がつけられないほど悪化します。PKOに部隊を提供していた各国が恐れをなして、1国、また1国と撤退していきました。PKOは基本的に自発性がベースなので、国連に撤退を止める強制力はないのです。

井筒…そうですね。

伊勢崎…結果、ルワンダ派遣のPKOは完全に撤退しました。そして、なんと100日間で100万人の罪もない一般市民が犠牲になった。このときのPKO部隊の最高司令官はカナダ陸軍の将軍でロメオ・ダレールといい、私の友人です。彼は、その後、本国で自殺未遂

をします。

　PKOが目の前で起こる虐殺を見放した。これは、国連にとって、大きなトラウマになります。そのトラウマから生まれたのが、住民を「保護する責任」という考え方です。

PKO部隊は「紛争の当事者」になることも

井筒…「保護する責任」とは、誰が負うのでしょう？
伊勢崎…国連を中心とする国際社会の責任です。危機に瀕している無垢な市民を見放さないという責任です。でも、これが実行に移されるまでには時間を要しました。やはり、国連の原則である内政不干渉がネックとなっていたのです。

　でも、内戦による犠牲者はどんどん増えてゆきます。ルワンダの隣のコンゴ民主共和国では、なんとこの20年間で540万人が犠牲になっていたのです。
井筒…東京都の人口の半分ですね。国連としては大失敗だった。
伊勢崎…そして、ようやく、国連は一大決心をします。それが、1999年に国連事務総長の名で発布された告知です。これにより、PKO部隊は、任務遂行のためには、「紛争の当事者」になることを厭わなくなったのです。これは、それまで中立性を重んじていたPKOにとって、1つの革命でした。
井筒…確かにあれは、国連にとって革命的な転換でした。
伊勢崎…もし無垢の住民がPKOの目の前で攻撃を受けたら、PKOはその脅威に「紛争の当事者」として立ち向かうのです。たとえば、ふつうの国で国民に脅威が降りかかったとき、その脅威を排除す

る、つまり自衛戦をするのは、その国の国軍です。それをPKOがやるのです。その脅威が、PKOの受け入れを同意したその国の国軍や警察によるものであっても、です。

　もはや、停戦の有無などは関係ありません。

井筒…自衛隊が送られていた南スーダンのPKOが直面した事態がまさにそれだったのですね。

伊勢崎…そうです。南スーダンPKOの筆頭任務は「住民の保護」です。

井筒…南スーダンは、スーダンの内戦から生まれた世界で一番新しい国で、建国は2011年のことでした。

伊勢崎…国際社会は、依然隣国のスーダンとの紛争を抱えるこの国の誕生を支援しようとしました。PKOも、新しい国の建国の支援という意味合いで派遣されたのです。

　ところが、しばらくすると、南スーダンは内部から分裂してしまうのです。なんと、新しい内閣の大統領と副大統領が仲違いし、両派の間で2013年から激しい内戦状態になっていきます。南スーダンPKOは、即座に筆頭任務を「住民の保護（保護する責任）」に切り替えました。1999年の国連事務総長告知の後ですから、ルワンダのときのように、撤退はしません。

井筒…その後、2015年に停戦合意が締結され、その合意を実行するために、ずっと国外にいた副大統領とその一派が首都ジュバに入り、これから新しい政府の体制をつくろうかという矢先の2016年7月、大統領派との間で大規模な戦闘が起きて多くの住民が犠牲になりました。

伊勢崎…それでも、PKOは逃げませんでした。このとき中国軍のPKO兵士2人が殉職しています。

事態を重く見た国連安全保障理事会は、PKO部隊4000名の増員を決定しました。繰り返しますが、PKOは、もう逃げないのです。住民を守るために。

自衛隊を南スーダンに派遣した根拠は？

伊勢崎…そこで、自衛隊です。南スーダンに自衛隊を送ったのは、2011年、民主党政権のときです。このときに派遣の根拠としたのは、「PKO参加5原則」という日本の国内法で、1992年にできたものですね。

井筒…私が自衛隊を辞めたのはそのときです。

伊勢崎…その派遣の条件とは、紛争当事者の同意があり、停戦が守られていること。そして、その停戦が破られたら撤退できる、というものです。これが現在でも変わらず、南スーダンへの自衛隊派遣の根拠になったのです。

井筒…2016年7月の時点でPKO参加5原則は成り立っていないのだから、自衛隊はすぐ撤退させるべきでした。

伊勢崎…しかし、全世界が、南スーダンの情勢を憂い、住民を見放すなと言っているときに、日本の自衛隊が引いたら、どうなるか？ ルワンダのときとは、まったく違うのです。日本は、危機に瀕した無垢な住民を見放す非人道的な国家としての烙印を押され、外交的な地位が失墜します。何より、「日本に続け」と他の国にまで伝染したらどうなるのか。

井筒…だから、現場の自衛隊は撤退しなかった。というか、できなかったのですね。これは、非常に奇妙な状況です。というのも、世界が重大な人道危機と憂いている南スーダンの状況を、日本政

府だけが「安定している」と言い続けて派遣を続けたのですから。
伊勢崎…「安定している」と言い続けなれば、南スーダンに自衛隊を置き続ける法的な根拠が土台から崩れてしまうからです。
井筒…でも、その土台を根本的に見直す、という議論は出てこなかった。
伊勢崎…その土台を運用してきたのは、歴代の自民党政権だけでなく、旧社民党の面々も内閣にいた旧民主党政権であり、彼らはみな同罪です。つまり、諸悪の根元であるPKO参加5原則の見直しは、与野党の「政局」にならないのです。それが、ズルズルとここまできてしまった理由です。
井筒…現場の自衛隊はたまったものではありません。全く意味をなさない日本の国内法と、国際人道主義の板挟みになって、世界で最も危険な戦場の1つに置かれ続けてきた。自衛隊をこの状況に追い込んだのは誰の責任かということになりますが、この話はまた後ほどお聞きすることにして、次に、自衛隊の位置付けについて、そのPKO派遣の実態に話を移したいと思います。

第2章

自衛隊のPKO派遣は憲法違反である

南スーダンは戦争状態にあった

井筒…私は2014年の夏頃から講演をはじめて、まもなく5年になります。全国を駆けまわっていますが、右から左まで幅広い層を相手に話しています。そのたびに、自衛隊のこと、紛争の現場のこと、現地の住民の立場について、皆さんがよく理解されていないと実感しています。

伊勢崎…私はジャズのトランペット奏者でもあり、毎週のようにライブ演奏をするのですが、演奏の合間にPKOについて話すこともしばしばです。そもそも自衛隊がなぜ現場では作業着ではなく戦闘服を着ているのかという初歩的なことを、ほとんどの日本人は知らないですね。国際法上の戦闘員としての「識別義務」を負っているということを。

井筒…戦争をする国際ルールである国際人道法をふつうの市民はほとんど知りません。戦闘服を着たもの同士が戦うのがこれまでの戦争でした。しかし、9・11のワールド・トレード・センターの同時多発テロ以降、新しい戦争のスタイルが出てきました。紛争の敵対する勢力のカテゴリーがどんどん変わって、ふつうの市民に近づいてきている。いわゆる組織化された国の統治下にある軍隊じゃない武装勢力・集団との闘いになってきています。

伊勢崎…日本人にわかりやすいように「広域暴力団」と呼びましょうか。内戦の時代を迎えて、戦場では軍人か民間人かの線引きが難しくなっているのです。現在では、広域暴力団にも国際人道法を守らせるという考え方になっている。

井筒…自衛隊が戦闘服を身に着けて海外で展開することの軍事的意味も誤解されています。「PKOでの人道復興支援」を、自衛隊が

国連の平和維持活動に参加することと捉えている国内世論やマスメディアの現実も問題です。大いなる誤解です。

　南スーダンで実際に起きていることは、武器を使っての、力対力のガチンコ勝負です。現地の住民がそれに巻き込まれて難民化している実態を知ってほしい。

伊勢崎…現代のPKOは、もはや停戦合意の有無は関係ない。PKO、平和維持「活動」だから安全というは、そもそもおかしい。PKOのOはOperation、つまり「作戦」なんですから。

井筒…やっていることは、外国の軍隊を嫌う勢力にケンカを売る行為です。「いつでも来いやと」と。

　国内ではそうした認識が薄いし、国連での活動ならばいいんじゃないか、という「思考停止」状態になって、慣らされてしまった。じつはPKO派遣は国連安保理の枠組みであることや、自衛隊がPKF（国連平和維持軍）という紛れもない軍隊に所属してきたにもかかわらずです。

　紛争現場では、日本には憲法9条があるからとか、あるいはPKO参加5原則があるから「交戦はしない」などと意思表示をしても、相手側にその理屈は通用しません。

伊勢崎…はい。自衛隊のヘルメットに「9」と描いても、相手にそれを識別する国際法上の義務はありません。

井筒…そんな状況の中で自衛官は現場の任務についています。1992年のカンボジア派遣から幕を開け、2017年の5月末に撤退した南スーダンまで。PKO参加5原則やPKOの変遷をまったく検証しないままに。

伊勢崎…政府はPKO派遣の本質や実態を極力隠そうとしてきましたから、国民が実態に疎いのは当たり前です。

#筒…今の安倍政権は、積極的平和主義だとか国際貢献の新たな一歩などと言って、戦争に向けた前のめりが露骨になってきています。日米同盟の双務性を目指しているのかどうかわかりませんが、これからは血を流してやるんだというファイティングポーズを自衛隊にとらせている。少なくとも私にはそう見えます。

紛争地あるいは戦闘地域に自衛隊を出すのか出さないのか。出さないとするならばどういうところまで現実的に国連の枠組みでコミットするのか、それとも日米安保という枠組みでコミットするのか。あるいは国際社会から何を言われようが、金しか出さないのか、論点を整理しないといけません。南スーダンのPKOに自衛隊を出し続けたのは法治国家の枠組みを越えた出鱈目だったのです。

そこをきちんとふつうの市民に伝えていかないと国民もなかなか目覚めないというか、理解できないのかなと思います。

国際法上の「戦争」の定義とは

伊勢崎…今の南スーダンの事態が国際法上の戦争なのか否かは、日本語に特有の問題なのです。「戦争」といえば、日本人は「侵略戦争」をイメージする。ところが、南スーダン国連PKOが準拠する、いわゆる「国際人道法（戦時国際法）」は通称「ルール・オブ・ウォー」（戦争のルール）です。英語の世界では南スーダンの状態は「ウォー」なのです。

しかし日本では、「戦争」という言葉は憲法9条の問題もあり、禁句となっています。ですから、戦争の定義は9条的な文化で育ってきた日本人と国際社会の間ではすごくかい離がある感じが

しますね。

井筒…同感です。

伊勢崎…国際社会の「ウォー」とはどういう状態を指すのか。「交戦＝国際人道法を守る義務のある主体同士がエンゲージすること」です。すなわち、交戦とは、国際人道法のルールが適応されている現場のことなのです。そのルールに則っていわゆる「紛争の当事者」が戦う場所が戦場なのです。

南スーダンでは首都ジュバで、2016年7月に大規模な戦闘が起きました。そのとき、中国兵2人が犠牲になったことは先に述べました。あのとき、国連平和維持軍のほうは相手を殺したのか、そこはわかりません。

ふつう、国連PKOは、殉職者は公表しますが、逆に殺した人間の数は公表しません。「交戦」するのですから、相手に犠牲が出るのは当然ですが、それでも公表しません。私の関わった東ティモールでも、公表しませんでした。地元政府とPKO部隊がいい関係にあるときは事件にならない。昔はそうでした。

井筒…今の南スーダンはそうではありませんね。南スーダン政府と国連PKOは相当険悪な関係にあります。

伊勢崎…あのとき南スーダン政府がギャンギャン言わなかったのは、たぶん国連側は殺していないのでしょう。ほんとうのことはわかりませんが、でも中国兵は殺された。これで紛れもない「交戦」です。だからその後の国連決議でも国際人道法に基づいて「エンゲージ」することを再確認し、4000名の増員を決定しています。国際人道法は、繰り返しますが「交戦のルール」ですから、「交戦」を前提にして、加盟国に部隊派遣を要請しているわけです。「施設部隊」も例外ではありません。

国連の治安維持のシフトが、あの事件を受けてPKF、つまり軍隊主体のパトロールが強化されたはずです。住民の保護がそもそものマンデートなのですから。これは、武力による威嚇です。

井筒…そこでもし、武力の威嚇行為を行ってパトロールをしている中で、相手から一発撃たれたらどうなるかということですが。

伊勢崎…国際人道法に準拠した攻撃であれば、それは合法ということになります。しかし、交戦を前提として威嚇であるパトロールをして、実際に衝突が起きたら、どこからが「交戦」なのか。それを決めるのは、その突発的な衝突を「事後」どう振り返り、どちらが戦端を切る違反行為をしたかを判断する「政治」です。

　基本として、国際法上、合法的な交戦主体が独自の判断でできる武力の行使は「自衛権」ですから、法理上、戦端は常に敵が切るということになります。しかし、敵のほうも同じ理屈なわけです。だから、「突発的」となるわけです。しかし、戦端が切られてしまったら、そこからは「交戦」になり、ルールを遵守しての殺傷と破壊は合法となります。

　警察権の行使、警察比例の原則、つまり被疑者はそれに対峙する警察官より非力であることが前提で、それに比例する実力行使で被疑者を確保する。比例しない実力を行使してしまったら、逆に警察官のほうが罪に問われる。「交戦」の場合は、この原則が成り立たない世界です。しかし、警察権の行使（日常）から、武力の行使（非日常）へは、一瞬で、転換するのです。

　南スーダンの場合は、比例もクソもなく、国連平和維持軍が対峙するのは、同等かそれ以上の実力組織です。ちなみに、南スーダン政府と国連との間で結ばれている「地位協定」では、国際連合要員及び関連要員の安全に関する条約（Convention on the Safety of

United Nations and Associated Personnel）が再確認されていますので、南スーダンにおいて、国連平和維持軍を含む国連要員を傷つけることは「違法」です。

　国連平和維持軍の兵士はこの特権に護られていますが、いったん戦端が開かれ、国連平和維持軍が国際人道法上の「紛争の当事者」になる瞬間から、兵士のその特権は喪失するという考えがとられます。

井筒…そこの理解が日本人には足りない。交戦へのリアリティがないのです。

伊勢崎…ジュバ危機の後、国際世論の物議をかもしたのは、危機を受けての安保理決議で4000名の増員を決めたことですね。「先制攻撃」ができる特殊部隊です。国連平和維持軍の一員として、です。「先制攻撃」、つまり最初に戦端を切ることは、前述のように「自衛権」の原則に反します。ほんとうはダメなのです。

井筒…立派な国際法違反ですね。

伊勢崎…2013年、南スーダンの隣で同じように国連PKOが派遣されているコンゴ民主共和国が、手がつけられない状態に陥った。どんなに素早く「駆けつけても」、すでに遅し。住民は大量に殺されている。女性も集団レイプされている。もうどうしようもない。

　こういう状況下で、安保理は、国連史上そして国連PKO史上初めて、国連平和維持軍に先制攻撃能力を承認したのです。それが通称「介入旅団Force Intervention Brigade」です。これは、あらかじめ軍事諜報により、ある武装集団が悪さをしそうだと判断すれば、悪さをする前に急襲、殲滅するのです。

　ご存知のように先制攻撃は、核兵器などの大量破壊兵器の脅威の時代を迎えて、果たしてその行使は国家の個別的自衛権の範疇

に収まるか否か、国際法の議論で決着がつかない問題です。

　この場合は、「通常戦」で、それもPKOという国連の集団安全保障としての措置が先制攻撃をやるという。これはあまりに慣習法としての戦争のルールに反するので、先制攻撃できる武装集団を本当にどうしようもなく悪い集団の1つに特定して、そしてこの決議を絶対に「前例」にしないという但し書きがついた決議だったのです。

　この「作戦」は功を奏し、その武装集団を殲滅しました。しかし、そういう武装集団はまだたくさんあるので、依然として介入旅団は継続しています。

_{井筒}…コンゴの国連平和維持軍の最高司令官は伊勢崎さんの知り合いでしたね。

_{伊勢崎}…ブラジル陸軍のサントスクルズ中将です。彼が国連平和維持軍のトップを務めるのはハイチに続いて2度目。2015年にコンゴを訪れたとき私に、「ハイチでは自衛隊はほんとうによくやってくれた」と褒めてくれました。自衛隊はハイチ共和国PKOに派遣されたとき、彼の指揮下にあったのです。

認められるのは自衛の戦争だけ

_{井筒}…国際法上の戦争の定義では、どんな場合に戦争が許されるのか、正当性を持つのかについて、もう一度、お話しいただけますか。

_{伊勢崎}…たとえばヤクザが国内法で禁止する武器を所持しているという確たる証拠の下、裁判所の正式な許可を得て、武器を押収するために警察隊が組事務所に押し入ることはあっても、戦争の世

界ではそうなりません。

　各主権国家が自らの判断だけでできる戦争は「自衛権の行使」だけです。かつては領土を獲得するため宣戦布告をして戦争ができた時代がありました。

　しかし近代ではそんなことはできません。第一次世界大戦を経て世界はパリ不戦条約（※注）であらゆる戦争を違法化しようとしました。でも「自衛」は違法化できませんでした。それで第二次世界大戦の終結後、国連憲章ができ、国連加盟国が自分の意思でできる武力の行使は個別的自衛権と集団的自衛権の二つの「自衛権」だけです。憲法9条ができるはるか前から自衛の目的以外の戦争はできないのです。こういう、武力の行使を始められる合法的な言い訳を定めた国際法を歴史的に「開戦法規」と呼びます。現代のそれは、国連憲章第51条です。

井筒…そこで、いったい何が「自衛」なのか、ということになりますね。

伊勢崎…そうですね。「自衛」というのは、何がそれを正当化するのかが難しい。たとえば、北朝鮮がミサイルを発射しそうだ。衛星からそれを監視していて、核弾頭を積んでいるかもしれないと。でも、ほんとうに積んでいるかどうかは、落ちてみないとわからない。それでは困るから、ミサイルへの燃料注入が始まったときに先制攻撃することが、果たして正当化できるのかどうか。

井筒…撃たれたらおしまいですからね。その議論もあります。

伊勢崎…法理上では、前述のように、敵から攻撃を受けて初めて自

※注　第一次世界大戦後の1928年に締結された多国間条約（別称ケロッグ＝ブリアン条約）。国際紛争を解決する手段としての戦争を放棄し、紛争は平和的手段により解決することを規定した。アメリカ合衆国、イギリス、ドイツ、フランス、イタリア、日本など計15カ国が先に署名し、その後、ソビエト連邦など63カ国が署名した。

衛が成り立つ。一方で、戦争を仕掛けたい国が、相手にわざと戦端を開かせることもできる。

このように、「自衛」の現実は一筋縄にいかないのですが、でも、法理上は、基本、先制攻撃はダメなのです。しかし、「住民の保護」のPKOの世界で、1つの例外がつくられた。核兵器を使用するような状況ではなく、単なる「通常戦」の世界なのに、です。前述の組事務所に押し入る警察を軍隊がやる。「警察比例に基づかない軍隊による警察行動」とでも呼びましょうか。

井筒…それが成功してしまった。

伊勢崎…南スーダンもそれと同じような状況で、首都ジュバの2016年7月の騒動を受けて国連が、通称「地域防御部隊Regional Protection Force」という先制攻撃を許される攻撃能力を国連平和維持軍に承認しました。南スーダンからの難民や非合法戦闘員の流出入が国防の問題として跳ね返ってくる周辺のアフリカ諸国が、「南スーダンPKOにもコンゴで成功した介入旅団を」と騒いだ結果です。コンゴでは、「前例にしない」という条件付きで承認されたものが、前例になってしまったのですね。

警察行動と軍事行動の限りなき接近。これはPKOの世界だけではなくて、たとえば2015年にパリで起きたISのテロ事件、あれはフランス国内のテロ「事件」です。でも、非常事態宣言を敷き、装備がきわめてミリタライズ（軍事化）した警察隊によって「戦闘」が繰り広げられた。もちろん犯人を拘束しようとするでしょうが、実質、「敵の殲滅」に近い攻防がフランス国内で繰り広げられました。「殲滅」でも、刑事的にいうと「模擬処刑」でしょうか。でも、拘束した犯人や協力者には、裁判を受ける権利があり、それを保証しなければならない。

一方で、フランス政府は、このテロ事件の報復措置として、シリアのISに対する空爆を始めました。あれは国際法の開戦法規的には「個別的自衛権」になります。
井筒…テロは刑事事件だけれど、その報復は戦争で、ということですね。
伊勢崎…そうです。フランスはシリアを容赦なく空爆した。ISや、その協力者、一般民衆の人権や法の名のもとの平等を考えずに。
　警察権の行使と個別自衛権の行使とがシームレスに連続する。これからの世界は、これがどんどん進むでしょう。技術面でも、顔認識とかの防犯技術が不可避的に戦争に転用されていくでしょう。国連PKOでも、そういう議論があります。
井筒…国連職員だった伊勢崎さんの役目は、戦闘現場での武装解除でした。ひと山越えた戦争の現場を見てこられたわけですが、実際に「やられるまで待っていろ」というのは戦場では受け入れられているのですか？
伊勢崎…武装解除の交渉を行うときというのは、束の間の、そして大変脆弱な停戦状態のときなのです。一発の銃弾でそれはたやすく崩壊します。最終的な終戦までが戦争なのです。戦端が切られてしまえば、個々の現場の局面で、自衛の原則は成り立ちません。
井筒…とても、相手の出方を待つという悠長な話ではない。
伊勢崎…1つの交戦がいつ始まっていつまでなのか。そこが問題です。さっきも言ったように南スーダンは7月の交戦状態のあとジュバは小康状態にあるわけです。2016年の8月に稲田防衛大臣（当時）が視察して、そう報告している。それは軍事力によって抑えられている状況だからです。軍事力の威嚇行為によってもたらされている小康状態です。

でも、その小康状態のときにパトロール中のPKOが撃たれたら撃ち返して銃撃戦になるわけです。こっちも相手の武力に対して威嚇攻撃をしている。これは武力の行使と同じです。そういう束の間の軍事小康状態の中で、「軍事的威嚇」に対して撃ってきた敵が違法かどうか、これも非常に判断が難しい。

井筒…ましてや、それに対して応戦したら、これは確実に罪にはなりませんよね。

伊勢崎…国際人道法で合法なやり方での応戦だったら、です。たとえば、応戦の際に民間人を多く誤射してしまったら、これは大きな問題になります。軍事的な過失ですね。これを自衛隊が起こしてしまったらどうするか。この議論を全く日本人はやっていない。

井筒…そうですね。自衛隊がいるところでは戦闘が起こらない。つまり、戦闘のほうで逃げてゆく、こんな前提で海外派兵しているのですから。

多国籍軍(PKF)の限界と自衛隊の役割

井筒…そもそも、自衛隊を軍事力が行使される現場に出した以上は、撃った撃たない以前に、そこにいて武器を持っていること自体が喧嘩を売っている状態なのです。あとは相手しだいで、ガチンコしたほうがいいのか、ちょっとだけにしてさっさと引き下がるのか、それだけのことです。

　たまたま自衛隊は、大勢いる屈強なPKF所属の部隊に運よく守られながら、武器を使わずにチームとして存在してこられた。それで今回は安倍総理が安保法制もつくって自衛隊も曲がりなりに

もやりますよと言っちゃった。そこで今後自衛隊がどう使われるかは、その司令官しだい。自衛隊だけが単独で動くわけにはいかないのです。

伊勢崎…ジュバ危機後の南スーダンの国連平和維持軍司令官は、中国の将軍でした。

井筒…軍隊の規則でいえば、「これやれ!」と言われたら、「日本の国ではそう教わっていませんので、それはちょっと」とはいきません。

伊勢崎…はい。でも、それは少し説明が必要です。多国籍軍は寄り合い所帯です。ひと昔前の大戦のときの同盟とは違い、今の多国籍軍は、国連やNATOが任命した1つの司令の下に行動します。

井筒…その指揮系統に加えて、軍律の問題もありますね。

伊勢崎…1つの司令下にあっても、たとえば敵前逃亡を銃殺刑に処すみたいな強制力が多国籍軍の司令部にあるのかといえば、それはありません。これは、軍事組織がやる軍事行動として大きな弱点ですね。軍隊というのは、強制力のある命令が全てですから。

　まあ、はっきり言って、多国籍軍は、まとまらない。統一司令部が各国の軍にどうやって規律ある軍事行動をとらせるか。これは多国籍軍の生来のジレンマなのです。

　命令の調子が「お願い」程度だったら誰もきかない。その「お願い」をもっと強制力のある「お願い」にするにはどうしたらいいかということです。

井筒…それがなければ、軍隊ではないですね。

伊勢崎…それを可能にするのが、「地位協定」なのです。国連はPKOを派遣するにあたって、一括して受入国の政府と地位協定を結びます。日本が逆の立場にある「日米地位協定」と同じで、国連平

和維持軍の公務中に発生する事故の裁判権を受入国に放棄させるのです。つまり、PKOへの派兵国は「訴追免除」の特権を得るのです。

　国連平和維持軍の統合司令部は、受入国との間で一括締結した地位協定を担保に、各派遣国部隊に対して「特権をやるから言うことをきけ」と、指揮権を行使する根拠とするのです。受入国に対して地位協定上の責任を国連が一手に負うということです。自衛隊も例外ではなく、この意味で、多国籍軍と「一体化」するわけです。

　前述の南スーダンPKOで先制攻撃を許されている「地域防御部隊」が交戦状態に入ったときに、道路工事をやる自衛隊が離れたところにいたとしても、敵武力勢力に自衛隊だけを区別する国際人道法の義務はないのです。

　東京に指揮権があり、PKF（国連平和維持軍）とは一体化しないという歴代の日本政府の「一体化論」は、嘘八百ということになります。

井筒…司令官の命令に従わなかった例は過去にあったのですか。

伊勢崎…それは、国連PKO司令部としては撤退してもらいたくないのに、ある派兵国が撤退するときですね。これは「外交問題」です。その最も直近の例が南スーダンの2016年7月の戦闘でしょう。中国兵が2名死んだにもかかわらず、国際社会がPKOを批判した。住民保護のために行ったのに住民を守らなかったじゃないかと。200人ぐらいの住民が犠牲になったからです。国連の人権関連組織も同様の非難をしました。国際世論がPKOにもっと戦えと迫ったのです。それで国連は何をやったかというと、最高司令官を更迭したんですね。

井筒…ケニア人のトップを更迭しました。

伊勢崎…住民を保護できなかった責任を統合司令部のせいにしたのです。つまり国連として、一部署である国連平和維持軍に対して、もっと結束して真面目に戦えと、指揮命令系統の最高司令の責任を問うことで、国連内外に対する決着としたのです。

あれは国連としても、ものすごい苦渋の決断だったでしょう。最高司令官はケニア人。ケニアは最大の部隊を派遣して、ほんとうに国を挙げてコミットしていましたから、国連はケニアの顔に泥を塗ったことになる。

井筒…ケニアが怒って「撤退する」と言い出しましたが、あれは理解できます。

伊勢崎…そのリスクを承知で国連はケニア人の最高司令官を更迭した。あのような国連を見たのは私も初めてです。「国防」ほどやる気を出さない多国籍の軍隊を、どう「人道主義」にコミットさせるか。国連は、窮地にあったのです。

ところが、この状況を全く理解せず、日本の一部メディアが、ケニア軍が撤退できるんだから自衛隊も帰って来いと言いだした。

井筒…そっちの理屈に使われた。

伊勢崎…逆なのです。最大の派遣国であるケニアが撤退することで、自衛隊がもっと帰りにくくなるのが現場の状況だったのです。

井筒…撤退すれば、この前通した安保法制の意味がない。

伊勢崎…安倍政権の側からしても、あのとき撤退させたら、なんのための「駆けつけ警護」だったのか、と。日本の議論は、本当に、右、左、両方が、ねじ曲がっている。

井筒…そうですね。

伊勢崎…日本は憲法9条で「交戦権」を否定しています。括弧付き

の交戦権です。こんなものは概念として、すでに国際法のレジームには存在しないことは後で話題になるでしょうが、まあ、これは、「交戦」状態に入ることを放棄している、と解釈しましょう。そうすると、「交戦」を想定しないのは日本だけじゃない。実は国連もそうだったのです。

井筒…なるほど。国連にも「交戦権」がないと。

「軍」ではない自衛隊は
PKOに行けない

伊勢崎…国連は、国連として国際人道法を批准していません。当たり前です、国連は国ではないですから。どちらかというと、各国に同法の遵守を監督する立場です。国連は、「紛争の当事者」に守らせるべき国際人道法つまり「戦争のルール」を守る主体として考えられていなかった。まさか国連が、同法の違反行為つまり「戦争犯罪」を犯す可能性のある「武力の行使」をするとは、国連が創設されてから最近まで想定されていなかったのです。第一、国連PKOは、国連憲章に成文化さえされていません。

1994年のルワンダでは、国連は武器を持って行っても「積極的」に使うことはまだ想定していなかった。武器を使って、もし国際人道法の重大な違反行為をしたら、国際法の法理として、一体どうなるのかという議論の決着が着いていなかったのです。だから、武力の行使をせず撤退し、虐殺を見過ごしてしまった。

その法理上の整理をしたのが1999年の国連事務総長告知です。日本の政局では組織的に無視されましたが、国連平和維持軍は「住民保護」など、任務上それが必要であれば、国際人道法の当

事者になるということ。そして、当事者として国際人道法違反を犯した場合を想定して、地位協定で受入国の司法からは訴追免除になるので、各派兵国にそれを裁く責任、つまり国内法廷の整備を義務付けたのです。

井筒…私が自衛隊をやめた1992年のカンボジア派遣のときには、社会党の一部、横路孝弘さんたちは、国連がある、それを担保にしてやろうとなったわけですね。

伊勢崎…そうそう。

井筒…あのときでも伊勢崎さんは、「国連は信用ならん」と言っていました。

伊勢崎…1992年の時点では国連も、このように法理上の態度があやふやでした。同じようなあやふやな9条の日本が、あやふやな国連を担保にしたって、しようがない。問題が起きるだけだ、と。

井筒…今はモンゴルなどで多国籍の寄せ集めチームで実戦訓練をしています。住民を守るという前提での銃撃訓練です。モンゴルでのPKOの訓練には自衛隊も参加して中国軍と一緒にやっています。

　だけど、1992年のカンボジア派遣のときは、最初のとっかかりとしてやるのはインフラ整備だけということで、私が自衛隊を辞めると決めたとき、「絶対に普通科連隊は出さないから、退職するなんて早まるな」と上官に言われました。それぐらい現場ではまだまだ平和気分が蔓延していた時代だったのです。

　当時、自民党の小沢一郎さんは、国連平和維持軍としてなら自衛隊を使って交戦もしていいという主張でした。社会党の横路さんと自民党の小沢さん、右と左が一致してこれで大丈夫だという話になったわけですね。

伊勢崎…それは、絶対に無理です。個人参加、つまり「傭兵」とい

う形だったら可能ですが。実際、国連は、それに似た構想を持っていました。国連平和緊急部隊・UNEPSですね。しかし、それは実現していません。

その理由の1つは、国連が武装する、常備軍をもつというのはどういうことなのか。1999年の国連事務総長告知では、多国籍の国連軍として国際人道法違反をしたときに備えて、各派兵国に「国内法廷」で裁くことを明確に義務付けました。国連常備軍の構想は、そうではなくて、国連自体を1つの国家として考え、普通の国の軍事法廷のようにきめの細かい、そして強制力のある「国連法廷」を持つことを意味します。現実問題として、国連は、そこまで自律性のある地球政府になっていないので、これは、ちょっとまだ夢想の世界だと思います。だから、実現していない。9条の問題を抱える日本にとっては、1つの逃げ道だと思いますが。

もう1つは、常備軍をたとえば100人、200人規模で派遣しても意味がないので、やはり数万人、数十万の規模で、やることがなくても常設させておかなければなりません。ただでさえ金欠状態の国連に、その余裕があるか。

井筒…小沢一郎さんの考え方は現実には無理だと。

伊勢崎…小沢式国連軍が、国連常備軍じゃなくて、待機軍、つまり自衛隊の一部を国連だけの専門部隊として日本国内に設けるという話ならば実現可能かもしれませんが、それでも1999年の国連事務総長告知が義務付ける「国内法廷」が問題になります。ついこの間、当の小沢さんからレクチャーを頼まれたときに、ここのところはちゃんと分かって頂いたはずなのですが。「国内法廷」をつくるとなると、それはやはり、特別法廷を禁じる76条も含めて憲法問題になるので、9条問題の逃げ道のために国連軍構想を持ち

出すのはダメですよ、と。常備軍でも、待機軍でも。

　ごく当たり前のことですが、自らが犯す国際人道法違反を裁く体制と能力がなければ、その実力組織を海外に出してはいけないのです。出された異国の民がたまったものじゃない。なんで、日米地位協定で逆の立場にある日本の政治家が、これを理解できないのか。

井筒…日本は軍法をもっていない。軍隊ではないのだから。

伊勢崎…だから、自衛隊を「戦力」と位置づけ、それが犯す過失・犯罪を想定し法整備しない限り、PKOにも出せないのです。そこを見事に見落としたのです。安保法制議論の中でも、この観点から論戦がされなかったのは、自民党政権と全く同じようにこれを見過ごして南スーダンに自衛隊を送った民主党政権時の反省を、野党側ができなかったからです。

井筒…民主党のせいもありますが、自衛隊の派遣に関しては、防衛省だけではなく、官邸と外務省もかんでいます。「地位協定」は外務省の所管ですし、PKO法は官邸です。PKO法事務局は内閣府にあって、そこがコントロールするのですが、ペナルティーは自衛隊法の罰則規定を適応しなさいとなっています。

　内閣府のPKO協力法に基づき自衛隊を「国連南スーダン共和国ミッション（UNMISS・アンミス）」に派遣したのですが、国際法上のペナルティーとなるとPKO根拠法では対処しきれないで、防衛省にまわされるのです。

　そこで防衛省は防衛省で、国外処罰規定を安保法制の中でつくったのですが、それは戦争を前提としていない専守防衛と同等の処罰規定でしかない。国内も海外も同じペナルティーです。

伊勢崎…最高で懲役7年でしたか。

井筒…7年の懲役かまたは禁錮刑です。仮に兵士がジュバで市民を殺してしまったとすると、その法的処分はそれぞれの国に持ち帰りなさいということになる。ところが日本の自衛隊は軍隊ではないし軍法会議もない。裁くとすれば自衛隊法か、それとも相手が明らかに市民だった場合、それはもう自衛隊法では裁ききれないで、刑法の殺人罪や業務上過失致死罪みたいな話になる。

　当事国なり当事者から、「殺したじゃないか。国際人道法違反だ、賠償せよ」と言われたときには、伊勢崎さん、どうなりますか？

伊勢崎…日本の刑法を適応するしかないですね。でも、日本の刑法には「国外犯規定」があり、自衛隊に限らず日本人が犯す「過失」は管轄外なのです。つまり、裁けない。自衛隊が犯すと想定される事故は業務上過失でしょう。つまり、完全なる「法の空白」です。被害者の家族、社会、受入国政府が、賠償で納得してくれればいいですが、国連PKOが救世主みたいに現地社会から慕われる時代は、とうの昔に去りました。「住民保護」で好戦的になってPKOが問題を起こしたときに、現地社会全体が好意的であるはずがありません。

　現地感情を考えたら、最悪、地位協定による訴追免除の特権を例外的に日本が放棄して、現地裁判所に自衛隊員を突き出すことも想定しなければなりません。国の命令で赴いた自衛隊員を、です。

　南スーダンもそうです。大統領がPKOのことを嫌っている。南スーダン政府はPKO派遣の受け入れもしぶしぶ承諾したわけです。主権国家の長として、現に起こっている人道的危機に敏感な国際世論を敵にできないから、しぶしぶ受け入れているのです。けれ

ど、住民がPKOによって殺されようものなら、ここぞとばかり国連を糾弾するでしょう。子飼いの血の気の多い若いもんをPKOに仕掛ける口実になりますし、事件が起きても、PKOの失態が若者を無軌道にしたと更に国連を攻撃できる。

井筒…地域の人がきちんとコントロールが効くうちはいいんですが、効かないとなると、非常にあぶない。

伊勢崎…もしかしたら国際刑事裁判所に訴えられるような外交問題になるかもしれません。大統領自身が訴追される可能性のある中で、逆に国連を訴えられる。このような外交ゲームになる可能性もある。ましてや、自衛隊が事故を起こしたら、「業務上過失の責任も取れない、いい加減な『無法国家』を国連は我が国に入れたのか」と、国連を二重に糾弾できる。日本政府はなぜ、こんな簡単な想定ができないのでしょう。それをリベラル、野党側も「想定外」にしてきた。

井筒…最悪のシナリオを想定してやるのが政治のイロハでしょう。

伊勢崎…なぜか自衛隊の問題に関してはそうなっていませんね。そんなことが起こるはずがないと。核の密約と同じで、そんなことがあるわけがないと自分に言い聞かせる。「事前協議がないのだから核もないはず」という論理で、反対派もそれで済ませてしまう。9条に縛られている自衛隊なのだから交戦はないはず。同じノリ、です。

いちばん批判的にならなければならない護憲派野党勢力が、これで済ませてしまう。「後方支援」に皆が納得してしまう。「交戦」は常にあちらからやってくるものなのに、あたかも自衛隊がそこにいれば「交戦」が避けて通る、みたいな。「自衛隊がいるから非戦闘地域なんです」はその極め付けですね。ほとんど冗談の

世界です。でも、その冗談が国家の見識になってしまう。

日本政府が南スーダンへの武器禁輸決議案に反対

井筒…2016年12月、国連総会の安保理で南スーダンへの武器禁輸決議案に日本などが棄権したため否決されました。アメリカのサマンサ・パワー国連大使は採決後、棄権に回った日本などを強い口調で非難していましたね。この日本の態度はどう理解したらいいのでしょう？

伊勢崎…ちょっと不可解ですねえ。

井筒…アメリカの提案も、また一方で不可解なのですが。

伊勢崎…アフガニスタンやシリアでやり放題やっていたアメリカが文句を言える筋合いはないと思いますが、それでも、日本の今回の態度は非常にまずいですね。日本だけが反対した国のように思われている。

井筒…海外メディアにはそう書かれています。日本のマスコミで大きく報じたのは、一部リベラル系だけでした。

伊勢崎…たぶん、南スーダンにいる自衛隊への影響回避を最優先したのでしょう。南スーダン政府は国連PKOとの関係は悪化していましたから、ヘタに賛成すると自衛隊にちょっかいを出されかねないと。

井筒…それだけは避けたかった。なぜなら、事故が起きたら安保法制の実績づくりがとん挫しかねないから。

伊勢崎…南スーダンのキール大統領はスーダンの内戦で成り上がった、まあ、軍閥の親分みたいなものです。国軍と言ったって、国

という概念に忠誠を尽くす上意下達の指揮系統があるわけでもなく、内戦から続く地方の中小の武装集団の寄せ集めです。どれだけ子飼いの武装集団をまとめられるかが、即、権力となる。まあ、日本の広域暴力団と同じです。

当時の稲田防衛相が南スーダンを訪れて最初に会ったのは南スーダン政府の防衛副大臣です。この防衛副大臣、実は手がつけられない若い軍閥の長で、ポストを与えておとなしくさせている。稲田さんは国連平和維持軍の最高司令官とも会わずに、最初に会った人間がコレ。

井筒…それ自体問題ですね。

伊勢崎…誰もそれを指摘しない。日本の自衛隊にだけは手を出さないでほしいみたいなゼスチャーだったのか。

井筒…国連平和維持軍の一部でありながら。

伊勢崎…真偽のほどはわかりませんが。

井筒…国連を通さず、国対国でコミットしてしまうと、それならもう単独でやってくれとなってしまいますね。

伊勢崎…武器禁輸決議案に棄権したのは日本の立ち位置として非常にまずいです。なんだかんだ言っても住民を殺すのは武器、特に個人携帯の武器です。それを規制しようとするグローバルな取り組みの歴史がある。それに反対するゼスチャーは、特に憲法9条を掲げる日本としては大変まずいと思います。

井筒…32カ国が賛成して武器は出しませんとしましたが、実際にはどんどん入ってきている。であれば、棄権するとか、限りなく反対に近いことをする意味はますますない。外交政策としても下策です。

伊勢崎…非常に下手な外交政策をして、それを目立たせてしまった。

井筒…アメリカには何でも従う。オスプレイの飛行再開はすぐ認めるのに、なんでこれは従わないのか。ふつうに考えても疑問です。
伊勢崎…イラクのときもそうだったでしょう。金を積んだじゃないですか。6000億円ぐらい、円借款の形でね。あれは、サマワの自衛隊の撤退期に、手を出さないでくれ、という武装集団に影響力のある地元の長老社会への「手付金」だったと、私の親しい中東学者が嘆いていました。当時のイラクは「金を貸せる」状況にあったとは到底思えませんので。
井筒…今回、公表していないのですが、南スーダンに110名の警備部隊を出したと聞いています。
伊勢崎…タイミングが非常に悪かった。だって物議をかもした「地域防御部隊」をこれから編成するという時期でしたからね。地元のメディアや社会はびっくりしますよ。日本がなんか「駆け付け警護」する特殊部隊を出すみたいだと。実際、そのように伝わってしまったようです。
井筒…最前線で戦う普通科連隊を出したと聞いていますが。
伊勢崎…そうでしょう。
井筒…宇都宮の中央即応連隊も多少出しているようです。
伊勢崎…かわいそうに、紀谷昌彦大使は、施設部隊の一部だと弁明して回ったそうです。

自衛隊ではなく、警察を派遣すべきだった

伊勢崎…国連平和維持軍に兵を出す国というのは、いろいろな動機があるわけです。まず外貨稼ぎ。これは伝統的な動機です。国連

償還金といって、国連平和維持軍に拠出する兵員、装備に比例して、国連から派兵国に費用を還元する制度があります。旅団規模のできるだけ大きい部隊を出したがるバングラディッシュやパキスタンなどがいい例です。

 国連外交において重要な地位を占めたいという国是から派兵する国もあります。たとえば、過去に軍事政権下での圧政があって、世界の外交の中で問題視されていた国がそれなりに民主化をして、これから明るい国として国際外交の表舞台に出たい。そのためにPKOに積極参加する。インドネシアはまさにそうした例ですね。中国もそうかもしれない。

 インドとパキスタンは切実です。互いに戦争をしている両者ですが、どちらも国際世論を味方につけたい。だからPKO派遣で競い合う。

 各国それぞれ、いろんな思惑があるわけですね。でも、「住民保護」のためにより真剣に交戦しなければならない最近のPKOでは、周辺国が積極的に派兵するようになっています。ひと昔前だったら、国連の「中立性」が損なわれるということで忌避されてきたのですが、今では、自国の国防のように住民を守るために戦う軍隊が必要なのです。この国の問題を放っておくと、難民や不法武装集団の流出入が、自国の国防の脅威となるという観点から周辺国が関わり、国連もそれをよしとする。集団安全保障の最たるPKOですが、周辺国の「個別的自衛権」的、もしくは「集団的自衛権」的な動機が根拠になっているのです。

井筒…非常に政治的な意図がある。国連もパワーポリティクスの現場なわけです。

伊勢崎…どんなに手慣れたPKO兵力拠出国も、最初は「初心者」で

す。いきなり大規模な部隊というより、最初は小・中隊レベルで、どこかの国の大隊や旅団の指揮下に入る、というのが定石ではないでしょうか。

東ティモールのときに私のところに配属された中国がまさにそうでした。それも軍ではなく警察。

国連文民警察は、小型武器で武装できますが、国旗を背負っていても基本的に個々の警察官が、当時の文民官の私のように国連に直接雇用される形になります。これが国連平和維持軍と決定的に違うところです。その行動が拠って立つ法体系も、軍が国際人道法であるのに対して、文民警察は受入国、たとえば南スーダンの刑法など国内法です。つまり、「交戦」ではなく、あくまで「犯罪の取り締まり」です。

文民警察が過失を犯すにしても、保持する武器の実力から、それは一般過失の範疇であり、大規模な軍事的過失ではないという前提です。9条が理由で自衛隊の軍事的過失を法理として想定できない日本は、自衛隊ではなく警察の派遣から始めるべきだったのです。

井筒…日本は真逆なことをやってしまいました。

伊勢崎…最初から判断がおかしかった。カンボジアPKOのときは警察も送ったのですが、高田警視が殉職された。それ以来、警察庁のトラウマとなり、自衛隊の施設部隊派遣だけが、日本の「国際貢献」となっていく。

井筒…完全にそうだと思います。

伊勢崎…日本では、警察権と自衛権の行使の区別が、メディアに限らず政治家の中でも区別できていないですね。PKO部隊派遣を、警察権の行使つまり「日常」の延長のように考えている。部隊派

遣は、集団安全保障という開戦法規に基づくものですから、「非日常」の最たるものなのですが。

　日本には「交戦」を想定する法体系がないのです。警察官職務執行法をベースとする法体系しかないのですから。だったら、文民警察を出せばいいじゃないかということです。

井筒…そうすべきでした。

伊勢崎…現実はそうならなかった。トラウマに陥った当の警察庁が出したくない。そして、歴代の政府にとっては、自衛隊、特に冷戦後、ソ連の陸上の脅威がなくなって存在感が薄くなった陸上自衛隊の使い道の政治的シンボルとしてPKOはうってつけという動機が相互作用した。そして、施設部隊なら「交戦」を想定しなくていいかも！　というノリが「国際貢献」となっていった。

井筒…いま政治的にそれをひっくり返すのは難しいんでしょう。そこまで踏み込んだら、それを元に戻すというのは政治技術的になかなか難しい。でも、できないわけじゃない。

伊勢崎…不謹慎ですが、「事故」を待つしかない。そうなって初めて気がつく。

井筒…自衛隊の武器使用も、警察官職務執行法7条に依拠しています。「警察官は、犯人の逮捕若しくは逃走の防止、自己若しくは他人に対する防護又は公務執行に対する抵抗の抑止のため必要であると認める相当な理由のある場合においては、その事態に応じ合理的に必要と判断される限度において、武器を使用することができる」という条文ですね。合理的な必要と判断する限度においてその当事者が武器を使用することができるのです。

　現地にいる自衛隊がもし武器を使うとするならば、今回は普通科連隊じゃなくて警務隊を送ったほうがまだすっきりするんで

よ。警務隊はそういう訓練をしていますからね。今ごろそんな議論をしてどうなのかということもありますが。

伊勢崎…武器というのは、保持するからその使用を国家として統制する。その統制とは、違反行為を明確に国際法で定義して国内法で厳罰を法制化することです。武器を保持しても使わないのだから法は必要ない、という理屈が通るなら国際法も国内法も必要なくなります。

井筒…リベラルの人たちの言うPKO参加5原則の範疇に入る入らないという議論をするくらいなら、もう自衛隊はやめて警察にするか、あるいは消防隊員が救命救急をやったほうがよほど波風立てずに事が運べる。でも、そうすると、リベラルの人はそれは論点のすり替えだ、結局武器を使うのだろうと非難する。結局、国際紛争の現場では日本はなにもしない、お金を出すだけという国になるのかという議論になってしまう。

伊勢崎…そうなりますね。だから左の人たちが問題なのです。これは、リベラルを敵視するからではありません。逆です。権力がやることに常に批判的になるべきがリベラルであり、それはいつの世にも大事だと思うから、これを言うのです。

　武器の使用は、警察権と自衛権では、その行使の違反を統制する法理が全く異なること。前者の違反は国内法で定義され、その訴追は一義的に個人を焦点にする。後者の違反は国際人道法で定義され、それに対応する国内法で量刑、手続きが定義され、その訴追は一義的に国家の指揮命令系統を焦点にすること。その区別をしないのは、国際法の観点から、単に、「非人道的」なのです。

　戦争という厳粛な問題に対峙することは、非戦をひたすら唱えお祭り騒ぎをすることではありません。戦争の「法理」を直視し、

非戦に向けてそれを進歩させることなのです。リベラルがまず、これを理解するべきです。お祭り騒ぎするだけならウヨクと同じです。

井筒…大阪の伊丹市でイベントをやったときに右翼が押しかけてきて私の講演をじゃまするので、「そこで待っとけ、それだけ愛国心があるんだったら、俺が伊丹駐屯地に連れてってやるから、予備自衛官補の登録をしろ。訓練を受けて、その愛国心を北朝鮮や中国に向けてきちんと発揮したらどうだ」と言ってやったんです。そしたら捨てゼリフを残して帰っていきましたけど、ほんとうに右も左もいい加減にしてほしい。現実を見ろと言いたいですね。

自衛隊員の命の値段

井筒…そこで自衛隊員への補償はどうなっているのか。南スーダンの中国兵のように自衛隊員が殺されるとどうなるのか。自衛隊員の家族でなくても気になるところです。

南スーダン派遣に際して決まったのは、駆け付け警護で出動したときに死亡すると、最高で9000万円まで賞恤金が支給されます。これはイラク特措法のときより1000万円ほど低い。それは、「首相特別褒賞金」がなくなったからです。1日の手当てがふつうの任務には1万6000円。ただ駆け付け警護で出動するたびに8000円加算されるので、最高でもらえる手当は2万4000円。イラク戦争のときは3万円といわれていました。

イラクのときも今回の南スーダンも同じ2万4000円とされていますが、駆け付け警護に出なければ2万4000円にはなりません。

伊勢崎…事実上の賃下げでしょう。

井筒…ダンピングですね。通常任務の共同防御の場合、死亡補償の最高額は6000万です。9000万ではありません。それは宿営地の中でしか警護は行われず、交戦にはならないという前提なのです。だから国内の訓練と一緒のくくりでいいということなのでしょうね。

防衛大臣の広報官房室に聞いたのですが、駆け付け警護じゃないときの上限は6000万でした。自衛隊員はたぶん、そこまでは知らないと思います。

伊勢崎…やはり根本がおかしい。警護も、敵に対峙したら「交戦」になるわけで、「交戦」に対処する職能集団が軍事組織なわけですから、その中で「交戦」に特別手当をつけるという制度設計は、他の国には理解されないでしょう。

井筒…おもしろいのは、「賞恤金の訓令」という内閣府の通達があります。これが隊員がPKO任務で死んだときの補償金の根拠になっているのです。ただ、特措法で9000万円となっているのに、この根拠となる訓令ではいまだに最高の金額は2520万円なのです。2番目は1870万円で、3番目は900万円以上となっています。

図版：自衛隊員の補償・イラク派遣の場合

損害保険（PKO保険）	10,000万円
弔慰金（賞じゅつ金）	9,000万円（カンボジアは6,000万円）
首相特別報奨金	1,000万円
防衛庁団体生命保険	「戦争」は原則免責　例外規定あり
国家公務員災害補償法	
サマワ　宿営地　特別手当	1日　24,000円
バグダット　空港輸送手当	1日　16,000円

出典：PKO保険／あいおい損保革新懇（http://aioikakusin.blogspot.com/2018/03/）

殉職者の賞恤金

功績の程度	金額
1 特に抜群の功労があり他の規範となると認められるもの	2,520万円
2 抜群の功労があり他の規範となると認められるもの	1,870万円
3 特に顕著な功労があると認められるもの	900万円以上1,360万円以下
4 多大な功労があると認められるもの	490万円

これを受ける遺族が国家公務員災害補償法第17条の5第1項第3号又は第4号に掲げる者であるときは、この2分の1に相当する額以内を減額することができる。

障害者の賞恤金

功績の程度 障害の程度	(一) 抜群の功労があり他の規範となると認められるもの	(二) 特に顕著な功労があると認められるもの	(三) 多大な功労があると認められるもの
第1級	1,870万円	1,360万円以下 900万円以上	490万円
第2級	1,550万円	1,210万円以下 790万円以上	460万円
第3級	1,360万円	1,070万円以下 710万円以上	410万円
第4級	1,210万円	950万円以下 640万円以上	360万円
第5級	1,030万円	820万円以下 550万円以上	310万円
第6級	900万円	700万円以下 470万円以上	280万円
第7級	760万円	590万円以下 410万円以上	230万円
第8級	640万円	490万円以下 340万円以上	190万円

1 この表の等級又は金額の決定については、国家公務員災害補償法第13条第2項、第5項から第7項までの規定の例による。
2 特に抜群の功労があり、他の規範となると認められるものであって障害の程度の等級が第1級に該当するものについては、第1級の最高額に190万円を加算することができる。

出典：内閣府・賞恤金・障害者の訓令
(http://www.pko.go.jp/pko_j/data/pdf/06/data06_02_1.pdf)

これは賞恤金のほうもそうだし、「障害付」のほうもそうなっています。「障害付」とは、障害を負ったときに出る手当で、1級から8級まで金額の区分があります。しかし、その区分の根拠が全部ケースバイケース。どこをどう読み替えるかを書いてくれないと、実際にいくら出るのかこちらはわからない。

伊勢崎…私のような国連PKO要員職員は、国籍に関係なく共済制度から、死亡時は確か3000万円くらいだったと思います。

井筒…「PKO保険」というのがカンボジア派遣のときからありますね。伊勢崎さんはそのPKO保険に入っていたのでしょうか。

伊勢崎…アフガニスタンのときですね。このときは、小泉政権から要請されて、タリバン政権崩壊後のアメリカの占領統治のために軍閥の武装解除を担当する政府代表というポジションでした。こういう戦地への外部人材派遣は前例がまだなかったということで、たしか、殉職時に1億円プラス400万円の葬式代だったと記憶しています。

井筒…それは国が出してくれるということですか？

伊勢崎…そうです。国の共済に特別制度をつくって、ということでした。

井筒…1992年のカンボジア派遣のときは大手保険会社7社が保険を扱いました。でも対象はPKOに行く人だけです。隊員個人が自分で掛け金を払う。死んだときに最高で1億円出るという任意保険です。国の補償とはまた別で。

伊勢崎…海外任務手当みたいなものが、多くのPKO派兵国にはありますね。PKO任務特別手当みたいなのがある国もあるようです。国連平和維持軍の兵力拠出国には、前述のように一律の国連償還金が国連からその国に払われますが、個々の兵士へは、それぞれ

の国から給料と手当が払われます。もちろん、国によってその額は違います。よって、死亡時等の保障も国によってやり方が違う。

井筒…私が問題視しているのは、民間の保険会社は契約者から金を集めてそれを元手にして補償を含めてやっているのに、民間の人たちは海外旅行の保険に入るときも紛争と戦争は除外規定になっている。そもそも、どうして自衛隊員が任意の保険に入らないといけないのかということです。

伊勢崎…アメリカ同時多発テロを契機にアフガン戦がはじまり、タリバン政権崩壊後の日本の大使館もまだ復旧の最中に、日本政府は日本のNGOに公的資金を託して現地に送りました。あのとき、東京海上火災がはじめて海外ボランティア保険を扱いました。ふつう、テロや戦争はすべて補償の免責事項になるでしょう。それが出るようになったんですね。それでもたしか数千万円ぐらいでした。

PKO保険（自衛隊等の固有危険補償特約付海外旅行傷害保険） 単位：千円

補償項目 \ セット名	A	B	C	D	E	F	G	H	I	J
障害死亡・後遺障害	100,000	70,000	50,000	50,000	50,000	30,000	30,000	30,000	20,000	10,000
障害治療費用	10,000	5,000	7,000	5,000	3,000	7,000	5,000	3,000	5,000	5,000
疾病治療費用	10,000	5,000	7,000	5,000	3,000	7,000	5,000	3,000	5,000	5,000
疾病死亡	30,000	30,000	30,000	30,000	30,000	30,000	30,000	30,000	20,000	10,000
救援者費用	5,000	4,000	5,000	4,000	3,000	5,000	4,000	3,000	5,000	5,000
保険料（月額）保険期間12ヶ月以内の場合	15,610	10,610	9,050	8,400	7,740	6,800	6,150	5,490	4,700	3,210

出典：PKO保険 / あいおい損保革新懇（http://aioikakusin.blogspot.com/2018/03/）

いわゆる戦争保険の掛け金は高いですよ。

井筒…PKO保険（自衛隊等の固有危険補償特約付海外旅行傷害保険）では、最高保証額1億円で月の掛け金が約1万6000円ほどです。

伊勢崎…どの保険会社もやはりリスクのあるところでの任務を補償する場合は掛け金が高くなるのは当たり前です。個々のケースで算出するはずです。

井筒…保険がないという国もあるのでしょうか？

伊勢崎…先進国には必ずありますね。特に船舶が戦争に巻き込まれるような想定で。一番気の毒な問題は、戦争ジャーナリストでしょう。日本では、本当の戦場に赴くのはフリーの人たちですから、問題だと思います。大手メディアがきちんと契約上の責任として戦争特約の保険を掛けるとか、社内の共済組織で賄うとかで対処しないと。

邦人保護というけれど

井筒…いざというときに住民保護や国連職員の救出をどうするのか、その議論もきちんとしないといけないですね。しかし国会もメディアもそれを取り上げません。右も左もそういう意味ではあまりにも平和ボケというか、現実の戦場のことを知らなさ過ぎることが問題です。

これは伊勢崎さんも指摘していることですが、PKOの現場では邦人救助も、PKO参加5原則の最初の3つも、国内世論もまったく通用しない。そのことをちゃんと情報発信して、政治もメディアも正面から受け止めてほしい。

伊勢崎…PKOの自衛隊の任務で、邦人保護のための駆け付け警護な

どという概念自体、ありえません。蓋然性が、単に、存在しないのです。

井筒…残った大使館職員や国連の日本人職員とか全部ひっくるめても20人ほどですから、そっちを帰したほうが手っ取り早い。駆け付け警護の必要もなくなる。

伊勢崎…それは、注意深く見なければいけません。アフガニスタンがまさにそうでした。日本大使館も含めて多くの国の大使館があり職員が駐在していましたが、もし緊急事態が発生したときには、まず、予め建設しておいた防空壕などに立て籠もる。そして、現地に駐留する多国籍軍のエスコートで脱出、最寄りの空港など集合地点まで移動。こんなシナリオ計画を各国大使館と多国籍軍司令部の間でつくっているはずです。問題は、そのエスコートの「優先順位」なのです。いわば「トリアージ（識別救急）」です。

　これは、ある意味、非常に冷酷です。アフガニスタンの当時の日本政府は、タリバン政権を崩壊させたアメリカの占領政策において重要な支援国でしたが、地上部隊として自衛隊を多国籍軍に拠出していませんでした。だから、欧米先進国の大使館の中では「トリアージ」が最下位だったのです。海上自衛隊は、インド洋でNATOのアフガン戦の下部作戦である洋上作戦に参加していましたが、これは勘定されませんでした。

　しかし、国連PKOは全く違います。まず、国連の非軍事そして人道援助職員の多国籍軍による警護救出は、その国籍によって「トリアージ」しません。だって、「国連職員」が対象ですから。

　そもそも、国連PKOの世界で「邦人保護」を言い出すのが全くナンセンス、というか、国連の行政文化に反するので、不謹慎と言わざるを得ません。この「国際性」を全く理解しない日本国民

には、邦人の救出と「駆け付け警護」をリンクすればウケると、安倍政権は踏んだのでしょうが。

NGOについても同じです。南スーダンのPKOのマンデートには、全般的な人道援助要員の保護も入っているので、日本のNGOも保護対象ですが、日本の彼らは、首都ジュバの国連施設にいる自衛隊と違い、もっと圧倒的に危険な地方で活動しているのです。自衛隊が安全地帯で日本人だけを助ける「依怙贔屓」をしたら、地方で働く彼らの立場が悪くなるでしょうが！　ホント、バカバカしい議論です。

一度、陸上自衛隊の元幕僚の陸将と一緒に、この件でテレビ出演したんですが、カンボジアPKO派遣のときの「同胞を助けられなかった無念」を言うわけです。つまり、当時、施設部隊としてPKOに派遣されていた自衛隊が、国連ボランティアの中田厚仁さんと文民警察官の高田晴行さんの2人の日本人の尊い殉職に何もできなかった無念、ですね。それは、自衛隊の日本での法的地位の問題、つまり9条の問題であるというニュアンスで、それはそれで正しいのですが、彼自身も陸将経験者でありながら、統合司令下の多国籍軍の「国際性」を理解していない。

この元陸将は誠実な人で、テレビで恥をかかせるわけにはいかないので言葉を選びましたが、これはハッキリ言わなければなりませんでした。

つまり、統合司令部の観点からいうと、救出作戦のような特殊任務を歩兵部隊でもない「専門外」の施設部隊に命令することは、正常な頭の司令官だったら、まず、ありえないこと。そして、無念の激情にかられて、自衛隊が勝手に邦人救出に向かったら、それは「軍規違反」であること。当たり前です。現地社会への「地

位協定」上の責任は国連の統合司令部が負っているのです。「専門外」の部隊を送って、もし「事件」を起こしたら、地位協定上の全責任は、「指揮命令の瑕疵」として、国連が負うのです。

井筒…自衛隊の施設部隊の任務ではないと。

伊勢崎…そうです。自衛隊関係者全般に言いたいのですが、改憲レトリックとしての「カンボジアの無念」は、もう止めるべきです。しかし、自衛隊の施設部隊の警護隊が駆り出される状況を、あえて司令部の観点から想定すると、それは、ホントの、ホントの最終シナリオですね。

つまり、国連平和維持軍の特殊部隊や歩兵部隊、機甲部隊が万策尽きて、自衛隊がいる国連本部基地に立てこもる状況です。国連平和維持軍の全兵力は1万ちょっとです。キール大統領派の国軍兵力はその10倍以上と言われています。それに、わけの分からない民兵、愚連隊組織が加わり、国連を追い詰めている。

ちょっと大げさかもしれませんが、そんな状況になるずっと手前で、国連は「白旗」を挙げているはずです。国連「平和維持」軍がそこまでやる必要性を、現在、国際社会を跋扈する「住民保護」の人道主義でも、期待しません。国連平和維持軍の施設部隊を戦闘に参加させるとは、司令部の観点から言うと、そういう「異常中の異常事態」であり、安倍政権の安保法制の「駆け付け警護」は、蓋然性が、ゼロです。

第3章

国連PKOの憂うべき現状

「アセスドコントリビューション」と「ボランタリーコントリビューション」

井筒…「国連」と一口に言いますが、日本国民のどれほどが「国連」の実態について知っているでしょうか。そこで、元国連職員の伊勢崎さんから国連の現況について改めて伺いたいと思います。まず、国連のお金、運営資金について、私たちはほとんど知りません。ここからお聞きしましょう。

伊勢崎…国連の予算は二種類ありまして、1つは「アセスド・コントリビューション（分担金＝拠出金）」です。各国のGDPなど国力に応じて拠出する分担金が決められ、それが国連のコアな資金源です。国連平和維持軍の償還金や、かつての私のような国連PKO要員の給与、直接経費などに使われます。

　分担金以外に、特別な用途に応じて、追加で各国に負担を要請する場合があります。国連PKOの活動ですと、たとえば、現地社会の復興のためのインフラ開発とか、小学校や道路建設ですね。これが「ボランタリー・コントリビューション」です。

井筒…国際貢献の名のもとに自衛隊が実際にやっていることはフィールドサービス（施設工事）です。国連には土木専用の非軍事予算がありますが、そういうことに使われるお金はアセスドコントリビューションからきているんですね。

伊勢崎…たとえば、私が携わった東ティモールは、国連PKOが開発援助もやる総合型PKOでしたから、復興の開発インフラ整備にこれだけ拠出してくださいと国連が呼びかけ、各国がそれに応じて拠出する。これはボランタリー・コントリビューションです。

井筒…ただ、払ったり払わなかったりする国もある？

伊勢崎…はい。その点、日本はよく手を挙げます。自衛隊が派遣されるところには、外務省が大々的なODA予算を付けるのが、日本の慣例となっています。「国際貢献」をアピールするためですね。東ティモールのときも日本は多額を拠出し、自衛隊も送りました。日本のODA資金はそういうところに使います。防衛省予算はそこには使いません。でも、自衛隊のような施設部隊が建設するインフラには、国連平和維持軍の軍事作戦上必要なものと、そうでないものとの区別があるはずです。

井筒…たとえばアメリカは本来の分担金を払わないことがありますね。他国はどうなんでしょう？

伊勢崎…アメリカは、PKOにおけるボランタリー・コントリビューションは、ほとんどやらないと記憶しています。それでも、アメリカがPKOの現場で復興を支援する場合、日本のジャイカ（JICA）にあたるUSAIDを通し、国連に丸投げすることはしない。あくまでアメリカを顔としてやる。これ、私は現場で痛感しています。

　安全保障理事会の中では、イギリスやフランスは、比較的出してくれます。けれど中国とロシアは出さない。特にロシアは出しません。一度、現場の中国大使館に掛け合ったことがありますが、「自分たちはまだ発展途上国で貧しい」と言う（苦笑）。

井筒…2011年から国連の分担金は非公開になっています。分担率しか出さないので、実際に出しているか出していないかはわからない。安保理の常任理事国5カ国は通常の分担率にさらに上乗せされているのですが、それをきちんと払っているのかどうかはわかりません。

伊勢崎…まあ、日本は、いつでも積極的に「出します」と手を挙げ

続けるしかないのです。PKOという「目立つ」局面でできるだけやっていることを印象づけながら、国連主義を宿命としなければならない。敵国条項が残る国連憲章が、日本の国のカタチを決めているのですから。いつか許されるのをひたすら待つしかない。

国連はつねに金欠状態

井筒…国連の平和維持予算は7月1日が決定日で、安保理の中で1年間の予算組みが決められます。

　各国からの分担金がきちんと入ってこないと、すべての部隊に送る装備品の支給や、後方支援をやっている国への給料の支払いなども遅れてしまいます。2017年の5月時点の平和活動の滞納額は7億4000万ドルに達しています。同じく国際刑事裁判所に対しては6300万ドルの滞納。長い間延び延びになっている国連本部改修工事の特別会計に対しても460万ドルの滞納があるということですから、紛争国への介入を積極的にするにはお金がない。特に部隊を出している発展途上国にとっては、たくさんもらえると思っていたのにそれが遅れるのでは、もう帰還させようかという話でしょうね。国連は1つの国の政府機関ではないので、予算的には厳しい。

伊勢崎…「アルファベット・ビスケット」と称されるUNDP（国連開発計画）とかUNHCR（国連難民高等弁務官事務所）、UNICEF（ユニセフ）とかUNHABITAT（国連人間居住計画）とか、数えきれない国連関連機関があります。これらの専門性の重複は昔から問題視されています。一体何をやっているかわからない日本の公益法人みたいなものですね。国連の場合、これらは現場でケンカになったり

する。この費用対効果を考えない肥大は官僚組織の性ですね。

　国連は非常に無駄の多い組織だというアメリカの主張は正しいのです。こんなものに無条件に血税を使うわけにはいかないと、滞納の言い訳にするということをずっとやってきた。一面では正しい指摘なのです。

井筒…少しは改革は進んでいるわけですか。

伊勢崎…国連は今、リストラが進んでいます。今の事務総長が就任してすぐに表明したのが、ニューヨーク本部で、大型の国連平和維持軍を擁するいわゆるPKOを統括するPKO局と、そうじゃないアフガニスタンのような「政治ミッション」を統括する政務局の機能の重複を解消するリストラです。

井筒…基礎的なことですが、国連はPKOやPKFだけをやっているわけではないですね。本体業務やユニセフとかがあります。

伊勢崎…ユニセフのように目的が特化した国連組織への拠出は、納税者に説明しやすいでしょう。

井筒…分担金は一括して国連に入る。あとは国連の考え方でどうぞ使ってくださいというのではないと。

伊勢崎…子供への恩恵は、納税者の不満は出にくいでしょう。ちなみに、ユニセフへの一番大きな拠出国はアメリカです。

井筒…アメリカが最初の拠出国だったはずです。

伊勢崎…このように、国連本体とは別会計を持っている、いわゆる国連組織の中で一番リッチなのはUNDP(国際連合開発計画)ですね。UNDPの現在の総裁は元ニュージーランド首相のヘレン・クラークです。

井筒…ユニセフもそうですが、全部セクションごとに独自に予算をもって展開している国連の組織ですから、加盟国からの拠出金が

主な財源です。「ふるさと納税」みたいなものです。集めるほうは自由に使える金として集めたい。払うほうは使途がはっきりしているほうに払いたい、どちらも当たり前。

伊勢崎…そうやって国連の下部団体が発展してきたという経緯はありますね。今は国家予算だけじゃなくて民間からも募金を募っている。「日本ユニセフ協会」がまさにそうです。

井筒…PKO関連でも、国が金を出すのではなく、個人からお金を集めるような集金システムはあるのですか。

伊勢崎…それが先ほどの「ボランタリ・コントリビューション」ですが、そこへの拠出は、個人とか企業でも、やってはいけないという理由はないでしょう。

井筒…それは国じゃなくていいわけですね。

伊勢崎…私自身は、PKOの現場で、PKO活動へのそういう民間の拠出は聞いたことがないです。PKO本体のボランティア・コントリビューションというと、私がやった「DDR：武装解除・動員解除・社会再統合」が一番わかりやすい。

　武装・動員解除については、まず敵対勢力同士が銃を下ろしても戦闘が起きないという安心を現場につくらなければなりませんので、中立な武力として国連平和維持軍の展開が必要となります。これにかかる費用、そして、武装解除の交渉にあたる国連軍事監視団や私の給料を含めた必要経費は、アセスド・コントリビューションです。

　対して、武装・動員解除後の元戦闘員の社会復帰、具体的には職業訓練ですが、内戦国ではほとんど全てのインフラは破壊されているので、学校建設、教員の手当てなどの支出を開発事業としてやらなければならない。これはボランタリー・コントリビュー

ションです。しかし、元戦闘員といっても、「殺し屋」たちですから、募金がなかなか集まらないのです。普通の子供たちの学校なら、どんどん集まるのですが。ユニセフにとっていかれてしまう。（笑）

井筒…南スーダンはこんなに困っているから寄付をお願いしますと駅前や街頭でやっていますね。

伊勢崎…国連でもPKOは街頭募金やらないでしょう？　そういう意味で、同じ文民でも、私がそうであったPKO本体の職員と、ユニセフのような国連関連団体の職員では、何とも説明し難い温度差が現場ではありますね。あっちは民間の募金も含めて別会計の安定した業種。私たちPKOは、国のわがままをモロに受ける不安定な財政で紛争から紛争を渡り歩く流れ者、みたいな。

PKOは軽武装、歩兵主体の大所帯

井筒…それにしても、2012年の平和維持活動に国連が使った金は1兆7000万ドル、約100兆円。日本の国家予算より多いのです。
　国連が金食い虫になったのはPKO派遣が原因ですか。

伊勢崎…そう言えるかもしれませんね。PKOの理念は「強制ではない同意の下の武力介入」です。国連の介入は、当事者の同意の下の平和的な外交手段。これは国連憲章第6章に謳われています。それがダメなときには、第7章の強制措置。当事者の同意は要らない例外的な措置です。それも最初は経済封鎖などの非軍事的な措置。そして最後の最後の手段として軍事的な介入があります。PKOは同意の下の武力介入ですから、6章と7章の間の6.5章と言われるのは、そのためです。国連憲章にこれを説明する条項はな

いのです。つまり、国連が創設された当初からすると「想定外」のオペレーションをやっているのです。

　同意の下に入っても武力は武力。それを行使したら、国連はどうなるかということは、あまり想定したくない。だから、大事にならないように、なるべく軽武装で、同時に、下手にちょっかいを出されたら困るから大所帯で。

井筒…それは、お金がないとできない。

伊勢崎…私が行った東ティモールでは8000人のPKO部隊でした。それでもその時点では、国連史上最大の規模だといわれた。その後に勤務したシエラレオネのときは1万7000人。そのときも史上最大といわれました。南スーダンは1万人ちょっとです。

井筒…1万人ですか。

伊勢崎…とても南スーダン軍と戦争できる数ではありません。前述のように、南スーダン軍はもっと多いわけですから、戦争になったら白旗を上げるしかない。先制攻撃が承認されている「地域防御部隊」を擁していても、所詮は「平和維持」なんです。

井筒…宿営地の警備は絶対必要ですね。屋上での24時間監視とかをやっています。

伊勢崎…国連平和維持軍にとっての最終戦とは、戦果を逃れてきた民衆と共に基地に立てこもる状況です。

井筒…日本の自衛隊は無防備ですから宿営地に手りゅう弾を何発か投げられたら右往左往、敵にマシンガンが1、2丁もあれば悲惨な事態になります。

伊勢崎…とにかく、国連平和維持軍は寄り合い所帯。国防でもないのに駆り出されてきた各国の部隊をまとめるのは、国際人道主義、もしくは国連主義。その意味で、あまり「殺る気」がない。立て

こもって二進も三進も行かなくなったとき、それでも自分たちと住民を守る大義のために戦うか、白旗を挙げるか。後者でしょうね。

そうならないように、パトロールとか、先制攻撃能力を局面局面でつかって抑止力とするしかありません。

井筒…南スーダンの宿営地のそばに敵が立てこもりそうな危険なビルがあります。これを勝手に解体できるかといったら、これはできません。

伊勢崎…個人のオーナーがいたら、強制収用はできないでしょう。国連PKOは地位協定にしばられます。南スーダン政府の主権の中で活動する非常に限定された特権しか与えられていない。国連基地がある場所も南スーダン政府に貸してもらっているはずです。個人のビルを強制収用するような権限は国連にはありません。

そもそも、中の様子を至近距離から簡単に見渡せる場所を基地にするほうがおかしい。国連に勝手なことをさせないという南スーダン政府側の悪巧みだったのかわかりませんが、あれは軍事的にありえないでしょう。あのビルが駐屯地を造る前からあったのか否かわかりませんが、駐屯地設営の選択肢としてはありえませんし、後に建設が始まったとしても、国連を通して現地政府に抗議するべきでした。軍事施設ですから、現地政府に建設中止をしないというオプションは外交的にないはずです。

自衛隊の先遣チームや、その後の歴代の幹部チームが、そこまで抜けているとは思えないので、何か深い事情があったのだと信じたいですが、腑に落ちません。

ましてや、この程度の日本政府の軍事的な認識で、安保法制で自衛隊の任務を拡大したのですから、「政治」はいったい何をやっ

ているんだと、現場のヒラの自衛隊員なら思うはずです。

井筒…歩兵部隊ではないのにその役目もやるということ。これから日本の自衛隊は施設工事以外にも、いろいろやるようになりましたと。

国連安保理事会は
戦勝5大国の戦後統治システム

井筒…安倍さんの積極的平和主義は、結局、国際社会での日本の地位を上げたいということ。世界で大きな顔をしたい。国連安保理の常任理事国入りは長いこと日本の悲願でした。

伊勢崎…そうですね。日本は国連の中でもう少し偉くなりたい。ただ、敗戦国の日本が拒否権のある常任理事国になることはありえないわけです。

井筒…第二次世界大戦の終結から70年以上経って、世界情勢も相当変わってきているにもかかわらず、国連は古色蒼然とした戦争直後の体制のままですね。

伊勢崎…それが5大国の戦後統治システムなのです。冷戦が始まって安保理が割れて機能しなかった時代がありました。冷戦が終わって少し機能し出したと思ったら、またシリアをめぐって機能不全の体に陥っている。

井筒…この先どうするのか、見えてきませんね。

伊勢崎…問題は5大国の拒否権なのですが、基本的にその特権を手放すわけはないし、彼らの権力が薄まるような改革を彼ら自身が承諾するはずがない。世界政府ではないですから。

井筒…なるほど。

伊勢崎…大国は、お友達国家への制裁決議には拒否権を行使しますね。アメリカはイスラエルをかばうし、ロシアはシリアのアサド政権をかばう。中国は、基本的に、内政干渉そのものを嫌う。

　こういう状況で安保理が動くのは、大国が賛成しないけど、拒否権ではなく、棄権するときです。2011年、リビアのカダフィ政権に対する軍事介入です。国連史上初めて、「保護する責任」のために軍事介入が承認されたケースです。

シリア問題をどう見るべきか

井筒…あのとき、ロシアと中国は棄権にまわりました。
伊勢崎…PKOもそうですが、集団安全保障とは、そもそも、侵略者が現れたときにみんなで協力して排除するシステムです。第一次湾岸戦争（1991年）がそれです。サダム・フセインがクエートに侵攻しました。これは侵略です。ところが、リビアのカダフィの場合は侵略ではなく、アラブの春で蜂起した自国民を苦しめていただけです。民衆を助けるために、カダフィの同意なく、国連が武力介入したのです。繰り返しますが、国連史上初です。

　その結果、何が起こったか。独裁者が排除された。それは万々歳かもしれませんが、その力の空白をめぐって反カダフィで一致していたはずの武装勢力の覇権争いが始まったのです。内戦へ突入して現在に至ります。

　2001年のタリバン政権の殲滅。2003年のフセイン政権の殲滅。これらは、開戦法規的には、集団安全保障ではなく、アメリカの個別的自衛権の戦争ですが、独裁政権を排除した後に内戦が勃発、そして長期化して、独裁政権下以上の人命が失われている点では

一緒です。

井筒…かえって、悪くなると。

伊勢崎…人道主義も、ただ介入すれば良いということではないことを、われわれは思い知らされているわけです。

　私が教える大学には、シリアから留学している学生がいますが、みんな反アサドです。だけど、平和構築学的にいうと、問題ある政権の排除が平和を構築するとは限らない。問題ある政権でも、内戦を勝利させることが安定化であるという考えも成り立つ。ロシアはそうしているわけですが、もちろん米国と西側はそれに反対しています。

　ロシアはイランとともに、シリアに大きな地上部隊を展開しています。もちろんこれは、PKOのような集団安全保障ではありません。開戦法規的には、お友達をその要請の下に助ける集団的自衛権です。法理的には、国連の決議がなくてもできます。。

井筒…イラク戦争みたいなもの。

伊勢崎…ISが地上戦から一掃されても、これからロシアは、かつてアメリカがイラクで経験したような体験をするでしょう。旧ソ連がアフガニスタン侵攻で経験したようなことを。

井筒…あれで十分手痛い目にあって学習したはずですが。

伊勢崎…そうですね。アフガニスタンでは、旧ソ連が経験したことをアメリカが経験するわけですが。ほんと、現代では、介入しないという選択肢が一番難しいのかも知れません。

　やはり、その背景には、国際人道主義、人権主義の発展があります。急速なメディアの発達は、地球の裏側で起こっていることを無視させない。それも、リアルタイムで。

　その問題に、人道主義が覚醒すると、それは国連としての集団

安全保障の問題になります。個別的自衛権と集団的自衛権を開戦法規の言い訳とする戦争は、ある意味、当事者どうしの責任ですが、そこで無辜の民衆が大量に犠牲になると、それは全ての国連加盟国の義務である集団安全保障に昇華する。アフガニスタンでも、イラクでも、そうやって戦端が開かれた戦争への対処に安全保障理事会の国連決議が出されました。

　アフガニスタンでも、タリバン政権を崩壊させた後、国連PKOの発動という考えがあったのです。実際は、NATOを主体とする有志連合で落ち着きましたが。

　シリアでも、少し落ち着いたらPKOという議論が起こるかもしれません。

井筒…そこに至るまでは、とりあえずロシアとイランがアサドを支援してシリアを平定し、その上でそういうスキームを立ち上げると？

伊勢崎…今は何とも言えません。今はクルドを含めいろんな敵対する勢力が互いに銃を突きつけ合っている状態ですから、紛争構造を政権VS反政権みたいにできるだけ単純化できたら、停戦後に安保理決議の下PKOが双方の同意の下に入り、和平につなげるみたいな構想になるかもしれません。そのときのPKOは、部隊ではなく、非武装の停戦軍事監視が主要任務になる可能性が大きいと思います。そういうところで、日本の「人畜無害さ」を生かして自衛隊が中立性を発揮して参加してもらいたいのですが。

井筒…一方で安倍政権は、積極的平和主義を呼号し、PKOの部隊派遣としての任務拡大の必要性を言うわけですね。

伊勢崎…現場の平和構築のための派遣というより、日本国内の政局が派遣とその形態を決めている。いやですね。

井筒…部隊の派遣規模はカンボジアのころと変わっていませんね。
伊勢崎…やり方は全然変わっていません。大体300人とかの派遣規模です。いわゆる一個大隊にちょっと欠けるぐらいの規模の施設部隊ですね。何か、もう、日本の都合に現場を合わせているみたいで。もちろん、どんな国も、それぞれの事情があって派遣先を探すのでしょうが、日本の場合は、「9条に合う現場」という、もともと無理筋な都合なのです。自衛隊のために、一番安全な場所で、一番安全な時期に、一番安全な任務を用意しなければならない。

そういうものを用意できても、現場は、一瞬にして「変化」します。

南スーダンでそれが起こってしまったのです。2016年のジュバの危機ですね。「住民の保護」の現代のPKOは、ルアンダのときのように、もう逃げない。日本のPKO派遣史上初の「危機」でした。

PKO派遣国の実態と日本の政局

井筒…今実際にPKFをやっているのは後進国もしくは当該紛争地の周辺国です。先進国のうち日本だけが、諸条件で縛られているにもかかわらず、それをあえてやっている。なぜですか。
伊勢崎…まずは日本国内政局向け。軍事組織としての自衛隊の派遣実績を積み上げるため。そして、「敵国条項」の死文化と、願わくば国連憲章からそれを削除することは、日本の国連外交の悲願なはずですから、9条の日本としてできるのは施設部隊派遣しか、目立つ集団安全保障への貢献はない。だから、最も安全な場所、

時期、任務を提供してくれるミッションを何とか探して、少なくとも常時1つぐらいは派遣している実績を世界に向けてつくりたい。

井筒…大局的にみたら、ほとんどおかしな選択です。

伊勢崎…どんな国でも官僚組織はそうですね。自分たちの部署を既得権益と考え、それを維持、拡大しようとする。特に、軍事組織はその国家の最も大きなコスト・センターになりますから、その「権益感」も大きい。

井筒…必死になって予算をとる。

伊勢崎…日本の場合は、それに9条問題が関わってくる。9条改憲は難しいとわかっているから、それを最終的に成就するために、国民に軍事組織としての自衛隊の用途をできる限り印象付けたい。

　もちろん、大儀名分として国連は、すべての国連加盟国に対して、PKO部隊派遣を要請します。だから、国連の官僚に、日本の自衛隊をどう思うかと聞いたら、素晴らしいと言うに決まっています。でも、現場のミッション設計の前提は、部隊派遣は、前述のように、途上国か周辺国であることを慣例としています。最近では、旧宗主国でも出さない。そして、誰も文句を言わない。こんなことは、どこにも明文化されてないし、できるわけありませんが。

　日本の政局にとっては、護憲派勢力にとっても、安全な場所・時期・任務の自衛隊のPKO施設部隊派遣は、好都合だったのです。「9条のせいで国際貢献ができない」という誹りを躱せる。だから旧民主党政権も、全く同じ轍を踏んだ。そして、護憲派の憲法学者も黙認した。交戦によって引き起こされる軍事犯罪・過失を想定し、それを審理する国内法廷の整備を各派遣国に義務付け

た1999年の国連事務総長告知は、こうやって、改憲派勢力、護憲派勢力の両方が組織的にスルーしたのです。

日本の右、左の争いって、もう何も生まない。土俵のないところでとっている相撲みたいですね。

PKOが抱える内部規律の乱れ

井筒…お金も兵士の数も含めて国連のミッションがどんどん変わっていく。これ以上大きくできないというか、これ以上関われないでしょうね。

伊勢崎…兵力は1つのミッションに付き2万人ぐらいが国連の限界なのではないでしょうか。

井筒…そもそも1万人もいたら組織はまとまらない。先進国では大規模軍隊がだんだん成立しずらくなってきているということはないですか。

伊勢崎…日本の自衛隊は例外ですが、軍隊というのは、どんな国でも、社会の底辺の掃き溜めですから、数が大きくなれば、それだけ変なのも入ってくる。教育も満足に受けていない、生まれて初めて国外に出て異文化に触れるような若者たちで構成されているのが国連平和維持軍なのです。問題が起こらないわけがない。問題を起こせば、現地社会の反感を買い、それは即、作戦遂行の障害となる。そりゃ、少数精鋭のほうがいいに決まっています。

でも、国連としては、なるべく交戦したくないので、軽武装でも大所帯にして見せかけの抑止力としたい。これとの板挟みですね。

たぶん、近未来は、ロボット兵器が投入されることになるかも

しれません。

井筒…アメリカはロボット兵器を開発して、公開デモンストレーションで見せていますね。

伊勢崎…ロボットなら、性欲はないですから。

井筒…国連軍の悪さというのは、身内としては気になるものですか。

伊勢崎…はい。PKOと言えども、実態は、軍事占領と同じですから。気が大きくなっている。本国ではとてもできないことが、できちゃうんじゃないかと。

　私は東ティモールでは、国連から任命された暫定行政府のトップでしたから、国連平和維持軍2個大隊、約1200名を文民統括していました。もう、セクハラまがいの事件は毎週のように起こり、現地社会への説明責任は、ほんと、イヤというほど経験しました。それをやった兵士は、即、本国送還。国連地位協定によって現地法から訴追免除されていますが、やはり、現地社会は、本国での軍法会議の説明を求めてくる。これ、本当に大変なのです。誠意をもってやらないと、現地社会は、我々に牙を剥いてくる。

　ここで気をつけなきゃならないのは、問題を起こすのは兵士だけじゃないということです。PKOの非軍事要員も、です。WFPやUNICEF、UNHCRなんかのスタッフも、ですよ。給料に加え様々な手当てで財布が潤っているので、買春は日常的な風景です。未成年者を相手にする者も本当に多く、非常に深刻な問題です。

井筒…売春宿とかがあって、そこに行くという単純な話ではないですね。

伊勢崎…違います。PKOは、そういう「インフラ」が破壊されている状況ですから。国連は、この問題を大変重く見ており、だからこそ兵士の派遣前の教育を開発したりしているのですが、問題が

鎮静する兆しはありません。

井筒…表には出ていないですが、日本もカンボジア派遣のとき、プノンペンではそういうところに行っていたと聞いています。

駐屯地の中ではレイプは絶対にだめで、その手の民間施設がいくらでもあるからそこへ行けということです。朝霞駐屯地の隊員は、五反田や池袋、新宿の自衛隊御用達みたいなところを紹介されるわけです。駐屯地を出たすぐのところに朝霞コマ劇場というヌード劇場もありました。

兵士は1時間先の保証はないですからねえ。国連としては結構頭を悩ませる問題ですね。

援助物資を取りに来た女の子に対して、セックスをさせなかったら援助物資を渡さないと言ってレイプして、国連で問題になったりしました。

伊勢崎…国連はなんといっても人権の守護神なわけですから、レイプ事件なんかが起きて、それを国際メディアが取り上げたら、大変なダメージになるわけです。起きてしまったら平謝りに謝って、派遣前の教育を徹底すると言うしかない。それと、国連PKOでは、軍隊だけではなく私たちにもコンドームの無料支給があるんですよ。

井筒…PKOの4部門はどこもそうしている。

伊勢崎…少なくとも病気を移すな、と。

井筒…自衛隊も性病の薬を多少持って行きますし、マラリアなどの感染対策も一応やっています。

PKOも含めて、紛争現場では力を持っているほうが正義。自分たちは何をしてもよくて、殺されてもレイプされても仕方ないぐらいの割り切りでコミットしないと、とてもじゃないけど銃を向

けて殺せない、という話です。

相手を人と思って撃ってはだめだ、敵は人じゃないと。そういうマインドを持てと求められる。

ですから、兵士の人間性がやはりちょっとずつ狂っていく、理性が変わっちゃいますね。だから帰って来てからも大変で、帰還兵の自殺もある。

伊勢崎…そうですね。

井筒…世界最強のアメリカ兵ですらPTSD（心的外傷後ストレス障害）で社会問題になるのに、自衛隊員が帰って来て何もないとは考えられない。その対処とか予算はどうするのか。そこが自治体まかせだと、それをまかなえないところも出てきます。

伊勢崎…海外派遣後の自衛隊員の自殺者の多さが報道され問題になっています。イラクでも、PKOの南スーダンでも、自衛隊は施設部隊ですから、歩兵部隊が遭遇するような任務ではないので、任務の過酷さを自殺の原因とにわかに結びつけるのは、どうかと思います。

一方で、自殺者の全国平均がこうだから、隊員の総数からそんなに突出していないと片付けるのも、どうかと思います。自衛隊は、世界では珍しい競争率の高い軍事組織ですし、PKO派遣となると、心理面も含めて選抜されています。ですから、報道されている自殺者数は、それでも、私は異常に大きいと思います。

これは、どう説明するべきか。

私は、他の国の軍隊にはない、自衛隊だけが持つ「問題」が原因だと思います。それは、一言で言うと、「撃ったら自己責任にしかならない銃を持たされて国家の命令で戦地に行かされる」、これに尽きると思います。

この恐怖は、「異常」だと思います。だって、敵は、他の軍隊と同じように交戦法規上の合法的な攻撃目標として自衛隊に襲いかかるのです。敵勢力に、自衛隊だけを識別しなければならない交戦法規上の義務はありません。しかし、その応戦において、自衛隊は、交戦法規上合法な「交戦」ができないのです。なぜかというと、繰り返しますが、その交戦の結果引き起こされる違法行為を裁く能力がその交戦の主体にあるという前提で、交戦法規はその交戦を合法化するからです。国家として日本には、海外における一般の刑事過失を裁く法的能力すらないのです。国家の命令行動の過失の責任を、自衛隊員個人に被せるしかない。

　自衛隊員が携帯する武器は、世界で一番撃ち難いのです。これは他の国の兵士にはない、自衛隊員にしかない特別な恐怖だと思います。

　ところが、自衛隊の武器を撃ち難くしているから9条は素晴らしいのだと、護憲派は言うのですね。これは、本当に頭にきます。なら、なぜ、命がけで派遣を止めなかったのか。特に、民主党政権のときに。1999年の国連事務総長告知を、改憲派と同じようにスルーしておいて。

　護憲派の理論とは、こういうことになります。

　自衛隊を戦場に送っても、9条の力が撃たせないのだから、撃った結果の過失を想定しなくてもいい。

　こんな理論は、「想定外」の事故が起きれば一瞬で吹き飛びますが、その事故が起きないように現場で踏ん張ってきたのが、9条が否定する自衛隊員であること。その踏ん張りの「悲鳴」が、帰国後の自殺であることを、まず護憲派が胸に手を当てて考えて欲しい。

矛盾ある9条を護ってきたのは、「九条の会」でも、「9条にノーベル平和賞を」運動の市民でも、国会前や路上で護憲を叫ぶ市民でもありません。自殺者を出しながら護憲の「事故」の発生を、身を呈して防いできた現場の自衛隊員なのです。

第4章

南スーダン撤退で明らかになった安全保障の重大欠陥

なぜ「日報」は隠されたのか

井筒…2017年の3月に政府は突然南スーダンからの撤退を発表しました。その背景を考えてみたいのですが、その前にまず、PKO派遣部隊の日報がなぜ隠されたのか、そこから考えてみましょうか。

伊勢崎…全ては「戦闘」ですね。それに尽きます。1992年から変わっていない日本PKO参加5原則は、紛争の当事者同士が「停戦」していて「戦闘」が起きてないことが前提ですから、その前提が壊れると自衛隊を撤退させなければならなくなる。だから現場的には「戦闘」があっても、日本に届けられる日報では「戦闘」があってはならない。ほんと、バカな話です。全く意味がないドタバタですが、問題の本質は一貫して「戦闘隠し」です。

井筒…一貫しているのですか？

伊勢崎…繰り返しますが、安倍政権だけのせいではありませんよ。旧民主党政権が続いたとして、南スーダン2016年7月のジュバ危機が起きたら、全く同じバカな対応をしていたと思いますよ。「自衛隊がいるところでは交戦法規上の交戦は起きない」という「仮想空間」の論理で、護憲派勢力も、ずっとやってきたのですから。

井筒…「日報」が隠されたのも、そのためだと。

伊勢崎…安倍政権の場合は、「安保法制」がありますからね。せっかく安保法制で目玉として提案された「駆け付け警護」もできなくなる。でも、繰り返しますが、安保法制がなくても、「戦闘」の字が自衛隊の活動とくっついていてはまずいのです。

「憲法9条上の問題になる言葉は使うべきではないことから、武力衝突という言葉を使っている」という稲田朋美防衛相（当時）の答弁は、バカがつくほど正直に、改憲派、護憲派の両方が共犯の

日本のジレンマを表現したのです。

　一般論として、海外での軍事活動は常に国際人道法違反（＝戦争犯罪）と隣り合わせです。ですから、そうした疑義の生じたときの司法の場で、軍事行動の正当性を立証する証拠となる「日報」の作成と保管は、軍事組織の常識です。戦争に負けて、戦争犯罪法廷の証拠を隠滅したいとき以外は。

井筒…私は、「日報」は絶対あると思っていました。

伊勢崎…ないわけないのです。私が知る限り、米軍とドイツ軍は、「日報」は永久保存です。なんと言っても、「日報」は戦史にかかわる重要記録ですからね。全てが永久保存のはずです。そして、すべての公的な記録は国民の財産ですからね。気軽に扱ってはいけない。しかし、重要記録は、現行の行政、そして外交に影響を及ぼすかもしれないから、「開示期間」を設けて一定期間、秘密にする。アメリカの国立公文書館では、ベトナム戦ぐらいまでの小さな部隊の詳細な「日報」が閲覧できます。この日にどういう武器を使い、何人敵を殺したかまで。

　まあ、施設部隊の自衛隊が現地から上げてくる「日報」の内容がどれだけクリティカルなものかはまた別の話ですが、軍事組織が「日報」を破棄したら、ホントにホントのバカタレなのです。

　「住民保護」のために好戦的になっている現代の国連PKOですが、だからこそ、国連PKO自身が同法違反を犯す可能性を真正面に見据え、1999年に国連事務総長告知として、それを対処する法的な枠組みを、国連史上初めて明文化したことはすでに述べました。

　これによって、国際人道法違反の対処は、各兵力拠出国の国内法廷（通常は軍事法典、軍事裁判所）に課されることになりました。

当然、日本を含む国連加盟国は、PKO部隊の派遣にあたって、その法整備を義務づけられたことになります。

井筒…日本では、ほとんど知られていないことです。

伊勢崎…仮に日本にそういう国内法廷があったとして、その際に軍事行動の正当性を証明する重要な証拠となる「日報」の「破棄」は、日本が国際社会に対して法治国家としての責任を果さないと宣言しているようなものです。

井筒…なるほど。無法国家ですか。

伊勢崎…考えてもみてください。もし日本国内で、米軍が日米地位協定上日本の裁判権が及ばない公務上の凶悪事件を発生させたとしましょう。その際、米軍の軍法会議に必要なはずの「日報」を破棄していたとしたら、われわれ日本人はどう思うでしょうか？

井筒…米軍駐留に対して猛烈な反発が起きますね。反基地・反米闘争に火がつく。

伊勢崎…私はこの「日報」騒動が、海外メディアに報道されないことを祈っていました。日本人として恥ずかしい。

井筒…ところが、2018年に入ると、破棄されてないとされていた南スーダンの日報や、イラク派遣時の日報までが次から次へと出て来て、防衛省や政府の隠ぺい体質が強く批判される状況になっています。

　南スーダンの日報問題では陸上幕僚長の岡部俊哉氏と防衛事務次官の黒江哲郎氏が引責辞任し、稲田朋美元防衛相も事実上罷免されましたが、文民統制の信頼に関わる由々しき事態です。

なぜ自衛隊撤退を決断したのか

井筒…そこで、南スーダンからの自衛隊の撤退ですが、政府は「2016年の夏から考えていた」などと言っていましたが。

伊勢崎…撤収発表のタイミングは、あのときしかなかったのでしょう。「日報」問題で連日攻められているときに撤収すれば、野党に屈した印象になる。矛先が「森友学園」問題にそれたときを狙ったのです。期せずして「政局にしない」状況が生まれたようです。

井筒…なるほど。「政局」の都合だったと。

でも、2016年の5月には宿営地から100〜200メートルのところに、戦車からの砲弾が飛びかう事態になっていることが緊迫感をもって伝わってきていました。それが現実だったのです。

それでも、日報事件が起きなければ、次は第5旅団の旭川から追加派遣される予定だったのです。実際、旭川市の反戦団体や市民はそれに向けた反対運動を展開する予定で、私や布施祐仁（※注）さんに旭川に来てくれと言っていたくらいですから。

伊勢崎…拍子抜けでしたね（笑）。

井筒…最終的には安倍首相が自分の政権を維持するために撤退となったわけですが、次に自衛隊を出すのはほんとうに難しくなりました。

それがPKOになるのか、朝鮮半島有事みたいな形でモロの現場になるのかわかりませんが……。

伊勢崎…PKOに関しては、日本の旧態依然のPKO参加5原則に合う

※注　ふせ ゆうじん。1970年東京都生まれ。北海道大学経済学部卒業。ジャーナリスト。自衛隊南スーダン派遣部隊の日報隠し問題の表面化のきっかけをつくる。2018年、『日報隠蔽—南スーダンで自衛隊は何を見たのか』（三浦英之共著）で石橋湛山記念早稲田ジャーナリズム大賞を授賞。

ミッションは、もうないでしょう。当初は合うように見えても、南スーダンにみたいに現場は急変しますからね。日本の「仮想空間」を根本的に考え直さないと、PKOに限らず国連が承認する多国籍軍には部隊派遣できないはずです。

井筒…PKOだからといって無理して出してきたのが南スーダンです。もうその嘘はとおらないですよね。

伊勢崎…ゴラン高原PKOから自衛隊が撤退したときのことを思い出してください。シリア軍とイスラエル軍の間の停戦監視の主要任務が、その両軍以外の理由で、つまり非合法集団の台頭によるシリア内戦の激化で果たせなくなった。このときは治安悪化で主要任務ができないという主張は撤退の理屈として一応は成り立ちました。

井筒…それでもあのとき、国連は、自衛隊撤退を受けて遺憾声明を出しました。

伊勢崎…そうです。でも、今回の南スーダンPKOの主要任務は住民の保護です。治安が悪くなって犠牲になるのは住民なのです。治安悪化が撤退する理屈になるわけがありません。だって、治安悪化で犠牲となるのは住民で、その保護が主要任務だからです。国連は、ジュバの危機を受けて、増兵を決定したのです。

井筒…南スーダンの治安情勢は「安定」なんかしていません。軍事力によって辛うじて小康が保たれている、依然、準戦時状態です。

伊勢崎…今回の自衛隊撤退の声明にあたってジュバの日本大使館、そして国連本部のあるニューヨークの日本政府国連代表部は、自衛隊撤退に対して国連が遺憾声明を出さないように相当の根回しをやったはずです。PKO司令部要員の継続とODA予算の積み上げをやるから、ここは穏便にと。

井筒…もともと自衛隊は施設部隊でも危険なところに行けない特殊な存在ですから、国連側にとって自衛隊の撤退で発生する軍事的な穴はほとんどないでしょう。

伊勢崎…しかし、「国連外交」的な影響はあります。国連平和維持軍は、ただでさえ兵力集めと結束が難しい多国籍軍です。たとえ自衛隊であれ一国の撤退が他の派兵国のやる気と忍耐に影響することが国連にとって一番痛手なのです。

井筒…しかし、今回は国連側からの遺憾声明などもなく、あまり騒ぎ立てることはしませんでした。

伊勢崎…はい。国連も、日本の自衛隊の特別な事情をどうするか、ジレンマだったはずです。ジュバ危機を受けて、4000名の増兵の安保理決議があったとはいえ、中国兵の殉職者を乗り越えて兵力を提供する国があるのかと一時は心配されたのですが、増兵はなんとか形になりつつありました。加えて、ジュバ危機では住民を十分守りきれなかったという国際世論の激しい非難を国連は受けていたのです。だからこそ、国連は、自衛隊の撤退を騒ぎ立てず、シラーッと流す必要があったのです。

井筒…それを察してか、悪さをする奴らも様子見で現場が小康状態になっているようです。

伊勢崎…はい。そうなんです。敵もスーダン内戦を生き抜いてきた海千山千の連中です。国際社会と国連の出方を見ていたはずです。小康状態は、このぐらいやると国連はこう反応するということを習得した後の様子見ですね。こんなことは国連側もわかっている。

　こんな中で、国連と日本政府との間のジレンマの「交渉」があったはずです。もちろん、「現場」の国連が、日本の事情をどこまで把握していたかは疑問です。現場はたかが施設部隊しか出せ

ない国の特別な事情を頭に止めるほど暇ではないはずですから。
　とにかく、日本政府は、軍事的過失の責任を取れないことを、国連に説明したはずです。

井筒…当時の稲田防衛大臣が国会で話したことと真逆な状況です。

伊勢崎…こんなこと、表立って言えるハズがありません。もはや国連にとっても、「仮想空間」がない状況で自衛隊を抱え続けることは、大変大きなリスクですからシラーッと流すしかありません。
　「仮想空間」が崩壊した状況を迎え、そこでもし自衛隊を巻き込む軍事的過失が起きてしまったら、どうなるか？　繰り返しますが、南スーダン政府に対して、自衛隊も入っている「地位協定」上の責任を負っているのは国連です。

井筒…さきほども説明していただきましたが、1999年国連事務総長告知で、国連地位協定によって南スーダンのような相手国から犯罪時の裁判権を奪う代わりに、その処理を各派兵国の国内法廷に課しているのに、日本にはそれがない。

伊勢崎…はい。ただでさえ、好戦的になっている国連PKOに、主権意識を刺激されている南スーダン政府です。国連PKOは進駐軍のような感じで、南スーダン政府との関係は最悪なのです。もし、事故が起こってしまったら、「過失の責任も取れない無法国家の軍隊を、我が国から裁判権を奪い、我が国に入れたのか、国連は！」ということになります。

井筒…南スーダン撤退表明後、自衛隊関係者からは、もう部隊としてのPKO派遣はしない。もしくは、住民の保護などの好戦性のないPKO、たとえばキプロスの停戦監視ミッションを次の派遣候補に挙げる声が聞こえてきます。

伊勢崎…いやいや。今は、自衛隊にフィットする「仮想空間」があ

るように見えるキプロス停戦監視PKOでも、いつ事態が悪化して主要任務が切り替わるかわかりません。だからこそ、1999年の国連事務総長告知があるのです。

井筒…もういいかげんに、9条に抵触させないためだけの「仮想空間」探しは、止めにしないと、いつか大変なことになる。

平和憲法の国の思考停止
～日本には、軍事裁判所がないという根本問題

井筒…今回、南スーダンで「仮想空間」が崩壊することによって、期せずして明らかになった自衛隊の法的な地位の根元的な問題は、単にPKOへの部隊派遣を止めればいいという問題ではありませんよね。

伊勢崎…はい。根元的な問題とは、自衛隊が国際人道法違反を犯したときにそれを法治国家として適正に対処する法体系が日本にはないことなのです。護憲派の憲法学者や法曹人とこれを議論すると、自衛隊を海外に出さなければいい、という反応が必ず返ってきます。彼らは認識を改めるべきです。この根元的な問題は、PKOみたいな現場ではなくて、海外か国内か曖昧な尖閣諸島のような係争地への通常の防衛出動で、まず想定しなければならないからです。

　ふつうの国にはある、軍事法典、軍事裁判所が、日本にはないのです。そういう国は野蛮なのであり、日本をふつうの国にはさせない、と護憲派は言いますが、それは単に、国家による過失を審理する国際法上の義務を怠っている無法国家にしか過ぎないのです。

通常、軍事行動で想定される過失もしくは犯罪は、大きく言って2つあります。1つが「懲罰事犯」。軍隊も1つの官僚組織ですから、それ相当の内規があります。服務の違反や組織の名誉を傷つける行為。その内規に沿っての懲戒処分の対象ですね。それと、任務の外での窃盗や殺人の一般犯罪や、任務でも被害の規模がそれ相応であれば一般の業務上過失として現行の自衛隊法、そして、それが国内であれば、刑法で対応できます。

井筒…そうですね。

伊勢崎…問題は、もう1つの「軍事過失・犯罪」です。任務中における市民への人権侵害などの国際人道法の違反、つまり戦争犯罪です。

井筒…戦争をしないことが国是となっている日本では、そもそも戦争犯罪というのが想起されていない。

伊勢崎…たとえば、一般の刑法でも、殺人は重犯罪です。そして、破壊行為の中でも放火などは死刑になりうる罪です。軍隊というのは、いわば、そういう殺傷、破壊の技術を日々訓練し、そういう能力に非常に長けた職能集団ですから、被害も通常以上に甚大になるはずで、だからこそ一層重い厳罰を課すのは当然です。

　しかし、それが「命令行動」の一環で、それを誠実に履行したものであるのなら、どんなに甚大な被害でも、その刑事性が勘案されるというのが、一般法と軍法が違う大きなポイントです。

井筒…具体的に説明してくださいますか。

伊勢崎…そうですね、たとえば日本と同様の十字架を背負い、戦後復興したドイツには、常設の軍事裁判所がありません。しかし、「軍事犯罪」を裁く「軍刑法」があり、事案発生に応じて通常の裁判所で運用します。

井筒…「軍刑法」ですか。

伊勢崎…そのドイツ軍が、私がその黎明期にかかわったアフガニスタンでのテロとの戦いで、2009年に重大な事故を引き起こしました。「クンドゥーズ事件」です。

あるドイツ人将校の軍事的な判断でNATO軍の戦闘機が民間車を誤爆、なんと102人のアフガン市民が犠牲になったのです。これは第二次世界大戦以来のドイツ軍が犯した重大な戦争犯罪として、まずドイツ国内で大騒ぎになりました。

井筒…それを、ドイツの軍刑法で裁いたのですね。

伊勢崎…ドイツ検察は、約1年間かけて捜査しました。その結果、事件当時の現場の緊張した状況に照らして考えれば、限られた情報収集の中で敵への爆撃の判断を下すことは止むを得ず、後になって市民がいたことがわかっても、その将校と部下たちの判断は軍事的には合理的であり、国際人道法にもドイツ刑法にも違反しないと、不起訴にしました。

ドイツ政府は被害者の遺族に対して、空爆の法的責任は認めず、手厚い弔意金を支給したのです。

井筒…なるほど。

伊勢崎…単に、金で解決した、のではありません。ドイツは、国家が犯した犯罪に、たとえそれが不起訴でも、国際人道法に照らして、法治国家として法的な責任の所在を明らかにしながら、国家として説明責任を果たしたのです。

井筒…そのためにも、「日報」の保管は絶対必要であり、非常に重要です。

伊勢崎…日本には、その国家的説明責任を生む法体系がありません。あるのは、「懲罰事犯」でしか扱えない自衛隊法と、国外犯規定

で日本人が海外で犯す「過失」は扱えない刑法だけです。
井筒…あきれた国家的怠慢です。
伊勢崎…そのとおりです。それでも日本は遅ればせながらジュネーブ諸条約追加議定書に加盟した2004年に、慌てて「国際人道法の重大な違反行為の処罰に関する法律」という国内法をつくりました。しかしその中身は、文化財の破壊や捕虜の輸送を妨害するなど、はっきり言って、どうでもいい罪への処罰だけで、肝心の殺傷を生む罪に関するものが一切ないのです。なぜなら、自衛隊がいるところでは「戦闘」は起こらないが「前提」だからです。
井筒…小泉純一郎元首相の国会答弁「自衛隊がいるところが安全地帯である」を思い出します。
伊勢崎…もう1つ、著名な戦争犯罪の事例として、2007年の「血の日曜日事件」を挙げておきましょう。ドイツのクンドゥーズ事件と対照的に、イラクでアメリカ政府が雇った民間軍事(傭兵)会社「ブラックウォーター社」が17人の一般市民を殺戮した軍事犯罪事件です。

　地位協定により現地政府に裁判権がないだけなく、同社は正規軍ではないので米軍法が適応できず、地球上にそれを裁く法がないという「法の空白」を引き起こした事件です。もちろん現地の反米感情は頂点に達し、血みどろの「復讐」も含め、結果、アメリカの占領政策は失敗しました。この「血の日曜日事件」は、同様の日本の「法の空白」が見越すべき先行事例と言えます。
　「私は自衛隊の最高司令官」、「すべての責任は私にある」というのは首相、そして防衛大臣の言葉です。言うのは簡単です。でも、最高司令官として自らを頂点とする国家の指揮命令系統の法的な責任を立証し、国内外に説明責任を果たす法体系を、日本は持ち

合わせていないのです。

何が国防の「礎」か。
これは憲法の問題だ

井筒…一方で、国際人道法違反＝戦争犯罪に一番敏感にならなければならない平和憲法の国の国民が、自らが戦争犯罪を犯す可能性に備えがないことに疑問さえ抱かないのは、なぜなのか。ほんとうに不思議でなりません。

伊勢崎…自衛隊は、国際人道法上の「交戦」をすることを想定しない「仮想空間」に生きる存在であり、だから何も問題がないのだと、いつの世でも権力に批判的であるべきリベラルまでが、現場の現実を見ずに、自分たちをそう思い込ませてきたからです。

井筒…でも、南スーダンでは、いとも簡単にその「仮想空間」が吹っ飛んでしまいました。

伊勢崎…自衛隊はPKOだけではなく、現在、日米地位協定のような2国間の協定によって"駐留軍"としてアフリカのジブチに駐留しています。繰り返しますが、これは、自衛隊が駐留する海外だけでの問題ではないのです。日本の領土、領海内に敵が現れ、それに自衛隊が対処するときも、国際人道法は「交戦」と見なし、同法違反を統制する、ということを忘れるべきではありません。

井筒…忘れるべきではないと言われますが、頭の片隅にもないのではないでしょうか。

伊勢崎…手厳しいですね。そもそも国際人道法とは、第一次大戦後のパリ不戦条約の発効と国連の誕生によって侵略戦争が厳格に違法化されて以来、自衛のための交戦を律するためにあるのです。

井筒…でも、自衛隊の"ジャブ"程度の反撃なら、国際人道法上の「交戦」にはあたらないと、日本は"誰の断りもなく"定義し、運用してきました。防衛省HPの「交戦権」をご覧になればわかります。(※注1)

伊勢崎…はい。そこにあるように、自衛隊の実力の行使がつくりだす殺傷と破壊は、"外見上はそう見えるけど"、国際人道法上の「交戦」による殺傷と破壊ではない、という日本政府の根拠は、自衛隊が「必要最小限」の実力である。これだけです。この理屈が通ったら、私が建国にかかわった東ティモールのように小さな国の軍隊（3000名ぐらいの陸軍で武器はせいぜい自動小銃）は、国際人道法を守らなくてもいい、ということになってしまいます。規模も、どんな武器を使うかも関係ない。その使われ方を国際人道法は問題にするのです。

　自衛隊の通常戦力は世界の5指（※注2）に入るのです。その打撃力の"軽いジャブ"が引き起こす殺傷と破壊を「戦争犯罪」と見なさない。こんなおバカな思考は、国際法にはありません。

井筒…日本はまぎれもない軍事大国です。

伊勢崎…そもそも、自衛権とは、国際人道法に則って徹底的に戦うという意思を、仮想敵に対して知らしめること。これが、抑止力の「礎」でしょう。

　それも、ただキャンキャン騒ぎ立てるのではなく、何より、自らが国際人道法違反を犯したときにそれを厳粛に対処する法整備をもって、その反撃の意思の"本気度"を、知的に、整然と、

※注1　http://www.mod.go.jp/j/approach/agenda/seisaku/kihon02.html
※注2　クレディ・スイス2015：ストックホルム国際平和研究所（SIPRI）とグローバル・ファイアーパワー（GF）で換算。

国内外に知らしめること。ここに国防の「礎」があるはずです。

井筒…そのために自衛隊はある。

伊勢崎…この礎なしに、いくら高価な兵器を買おうと、ただのハリボテなのです。撃てないハリボテだから、見せかけを強くするしかなく、その反動で高価な武器の購買欲が抑えられなくなっている。気がついてみれば、日本はすでに軍事大国です。憲法9条の国が、です。日本の異常な抑止力への渇望は、政権の問題でなく、9条問題が生む国民心理であることを護憲派は理解するべきです。

井筒…同時に、足元がしっかりしないから「脅威論」ばかりが席巻します。「礎」なき日本は、「安全保障のジレンマ」に最も脆弱な国民性を呈しているのではないでしょうか。右も左も、です。

伊勢崎…だからこそ「米軍が鉾、自衛隊は盾」で、自衛隊は「交戦」しないで済むのだ、という日米同盟強化の理屈を言う向きもあるのでしょうが、保守の間でも、米軍が本気で鉾になってくれるのかどうかとヤキモキする議論がある。

井筒…どうせ、どこまで本気かどうかわからない「鉾」でしょう。貧弱な武器でも「礎」を持つからこそ示せる"凄み"か、それとも当てにならない「鉾」と「礎」なしのハリボテか。一体、どちらが、抑止力として有効なのかということです。

伊勢崎…今回の南スーダンからの自衛隊撤退で、期せずして、戦後初めて顕在化した国際人道法と自衛隊の法的地位の問題。これをPKO等の海外派遣の問題というだけで幕引するべきではありません。「戦場」＝「海外」と短絡的に考える護憲派憲法学者と法曹人が本当に多いので、何回も繰り返しますが、日本領土、領海内での国防においても、自衛隊に限らず国家が実力を行使すれば「交戦」として、その国際人道法上の違反行為を同法によって統

制される義務があるのです。

「9条を護る」とはどういうことか

伊勢崎…とは言っても、9条護憲が原因する自衛隊の法的地位の問題は、はやり海外派遣における議論が一番わかりやすい。でも、議論を続けると、護憲派勢力が「じゃあ、海外派遣やめればいいじゃん」と、すぐに政治のせいにする。そうじゃなく防衛出動においても、そこでの実力の行使が外交問題になったら、国際社会がそれを裁定する根拠は国際法であり、日本国憲法ではないという当たり前のことを繰り返し言わなきゃならないので、ほんと、日本での議論は疲れます。

だったら、ほんとに海外派遣つまりPKOやめるの、という国民的議論をしましょうよと、旧民主党政権時に政府の中枢にいた懇意の議員たちに掛け合ったら、「伊勢崎さん、それは改憲議論の発議になるから、護憲派としてはできない」と言われました。つまり、護憲の政治は、海外派遣をやめられないのです。どうしますか？ 護憲派は思い知るべきです。もはや政治のせいにできる問題ではないことを。

井筒…PKOを中心とする国連の集団安全保障に国際法の正当性を担保して参加するために9条改憲をするか・しないか。野党は、積極的に政局とするべきですね。

伊勢崎…「PKO部隊派遣は反対。そのかわり日本の貢献は、紛争の根本原因に対処すべく、NGOの貧困対策を応援すればいい」なんて日本共産党が言うのですが、ここで護憲派勢力にぜひ考えていただきたいことがあります。

南スーダンのあるアフリカのこの一帯は、すべて、原油、レアメタル、ダイヤモンドなどの資源国です。内戦状態のこういう国々から、資源がなぜかわれわれ一般消費者の元に届くのです。密輸されたものです。そして、この利権が内戦の原因なのです。
　欧米では、こういうものを「紛争資源」「紛争レアメタル」「紛争ダイヤモンド」と呼んで、業界そして消費者自身の自主規制の運動をとっくの昔に始めています。
井筒…2016年9月12日、ハリウッドの俳優ジョージ・クルーニーがワシントンで記者会見を開き、南スーダン内戦に加担する複数の銀行が南スーダンの戦争に深くかかわっている証拠をつかんだとして、強く非難しましたね、ネットで観ました。
伊勢崎…内戦の原因となる地下資源をマーケットから排除する取り組みがされているのです。アメリカでは、それをすでに法令化し、EUでも同じ動きがあります。
　日本はどうですか。悲劇的に遅れているばかりでなく、日本のメディアは報道すらしません。それはメディアだけの責任ですか？　われわれ視聴者が興味を示さないかぎり、営利企業であるメディアは報道しません。
井筒…一部のネットメディアだけですね。
伊勢崎…日本は、「紛争資源」を無批判に消費する、数少ない先進国の1つになってしまいました。日本国憲法の前文でいう「名誉ある地位を占めよ」とは、こういうことなのでしょうか？　態度を悔い改めるから、なんて護憲派勢力から聞こえてきそうですが、今さら言ったって、白けるだけです。

第5章

矛盾する憲法9条と
安保法制で
日本は守れない

憲法9条が否定しているのは「自衛戦」である

井筒…伊勢崎さんは、現在大学で「平和構築学」という講座をもち、海外からの留学生たちに教えています。平和とは何か、日本国憲法と安保法制で世界平和は実現できるのか。世界平和の構築という視点から、日本の護憲派であるリベラル派を伊勢崎さんは、どう見ておられますか。

伊勢崎…リベラルというのは権力に屈さず意見を述べるという意味で、とても大切な存在です。この意味で、私はリベラルを自称しています。そもそも戦争は権力が起こすものです。だから権力側に対峙するリベラルが常に非戦であることは、ごく自然であり必要なことです。

ここで気をつけなければならないのは、非戦＝平和ではないことです。なぜなら、すべての戦争は平和目的、今ある平和を脅かす敵を殲滅するために正当化されるのですから。そして、巨大な戦争は常に民主主義が引き起こします。平和が好き好きと言っている有権者ほど、その平和を守るために戦争という政治に投票するのです。

だからこそ、平和を標榜する民衆は「戦争」を理解しなければならないのです。非らざるべき戦争を理解しないといけません。戦争と平和というのは同義語と考えたほうが、人間の歴史に合理的な説明がつく、ということを。

井筒…戦争と平和は同義語であると。なかなか理解するのが難しい文脈ですね。

伊勢崎…特に日本人の一部には、あの戦争に対する非常にロマン

チックな感情がある。

井筒…大東亜戦争は侵略戦争ではない、アジアの植民地解放の戦いだという一部の人たちの考えですね。

伊勢崎…しかし、戦勝国にとっては、日本にどんな言い分があろうと、あれは侵略戦争なのです。われわれは地球侵略を企てた不埒者なのです。その侵略の精神構造をぶった切るところからUnited Nations「連合国」改「国連」という戦後レジームが始まり、それが今に続いているわけです。

井筒…それこそ、戦争と平和のレジームですね。

伊勢崎…日本人は、戦争＝侵略戦争と考えている。9条は侵略戦争を禁止していると。対して、自衛戦は当然の権利だから9条は禁止していないけど、侵略戦争を禁止しているから9条の日本はエライんだと。

しかし、自衛戦以外の戦争、つまり侵略戦争は、すでにパリ不戦条約（1928年）のときから、つまり9条ができる前から国際慣習法で厳禁されているのです。それでも戦争は起きた、自衛という名目で。

第二次大戦後、国連という戦後レジームができて、その自衛戦の名目…再三言っている開戦法規です…は、さらに明確に限定されました。国連憲章の51条ですね。

国連加盟国は、自らの意思で発動できる武力の行使を2つの自衛に封じ込めました。個別的自衛権と集団的自衛権。どちらも「自衛権」です。これ以外は、国連が発動する集団安全保障しかありません。これは厳格に守られているのです。

井筒…自衛以外の戦争は侵略戦争であり、絶対許されないと。

伊勢崎…つまり、9条がいうところの戦争＝侵略戦争の禁止は、国際

社会では超がつくほどの常識なのに、それを日本だけが禁止しているという勘違いの恍惚感を日本人にもたらしている。

問題は、この恍惚感は、ある重要なことを日本人に忘却させていることです。それは、自衛権の行使は、国際人道法を守る「義務」に縛られているということです。

これは、保守や右翼も、同じように忘却して、自衛権はマッカーサーも認めただろ、なんて言っている。国連憲章第51条を読めばわかるように、自衛権は固有の権利であっても大手を振ってできる代物ではありません。安保理が集団安全保障の措置をとるまでの束の間の行使を妨げるものではないと、きわめて控えめな許可のニュアンスです。

井筒…そのへんが日本人の感覚のおかしいところなんですね。

伊勢崎…右翼も左翼も同様に忘却しているのは、自衛権がいったん行使されたら、その時点で、国連憲章よりずっと前からある慣習法として交戦法規＝国際人道法によってその違反行為を統制されるということです。

繰り返しますが、「必要最小限」なんて関係ありません。どんな小さな国でも、常備軍でない集団が竹槍しか持ってなくても、国家の命で自衛すれば、それは国際人道法上の「交戦」なのです。でも日本では、それは交戦ではなく、戦争でないと信じられている。

井筒…そこがまったくおかしい。

伊勢崎…日本はあまりにも過去の歴史にとらわれていると思います。歴史を継承することは大切かも知れませんが、第二次世界大戦的な戦争はもう起こりませんし、あの郷愁からちょっとステップアップしないと。

井筒…古い戦争観を改めないといけないということですね。

伊勢崎…そうしないと、国民が戦争をしているという自覚がないのに、国際法的に国家が戦争をしている。これは恐ろしいことです。

井筒…勘違いのままにあれこれ議論している。

伊勢崎…私は、こう見えても、護憲派を敬愛しています。だって、彼らは戦争を勘違いしているけど、非戦を大切に思っている人たちですから。ですので、公明な護憲派の憲法学者や法曹人とも非常に親しくさせてもらっています。

でも、彼らが非らざる戦争と思ってきたものが、実は日本を一歩出れば全く意味をなさないことを彼らに話すときに、本当に気を使います。それは、彼らの闘争の歴史の土台をひっくり返すことですから。でも、今、心を鬼にして、それをやらなければなりません。

議論がかみ合わない護憲派
本音を言えない保守派

井筒…一時はそうした護憲派も含めて、方々から講演依頼がありましたね。最近はどうなんですか?

伊勢崎…ある時期、完全に呼ばれなくなったのですが、最近また呼ばれるようになりました。たとえば、九条の会。地方の九条の会の、いくらなんでも旧態依然の護憲ではダメだと気づき始めた若い世代ですね。若いといっても40〜50代ぐらいですが。それと最近増えたのは日弁連を中心とする弁護士会。実は、沖縄タイムスや琉球新報からも呼ばれます。

井筒…そのように変わったのは伊勢崎さんからみてなぜだと思われますか?

伊勢崎…9条が条文として完全に効力を失ったのは、前述のように旧民主党政権からですが、安倍政権の出現で、それが誰の目にも明らかに名実化したからでしょう。

あとで日米地位協定が話題になると思いますが、自衛を考える「主権」もない状態で集団的自衛権を議論しても実は仕方がないのですが、一応、歴代の内閣法制局の見解はそれを違憲としてきて、それが護憲の最後の砦だったのに、いとも簡単に閣議決定で集団的自衛権を容認しちゃった。9条が抑止しているものは、もはや、日本人が勘違いしている「戦争」しかありません。それに気づいた人たちが私を呼んでくれているのだろうと思います。

井筒…なるほど。

伊勢崎…呼んでもらって、9条の国際人道法との齟齬を話すと、驚くほど反論がありません。みんな一様に、うなだれます。一般の人からいわゆる法曹界の人まで。日本の法曹界は、国際人道法にあまり意識がないようです。六法全書では、目次的に憲法は後ろのほうで、国際法はそのまた最後です。勉強しても金にならない。

私は、自分の関係している軍事行動が国際法に抵触しているか否か常に考える地位にいましたので、実務家としての国際法は心得ています。私が文民統括した部隊が殺傷をしたとき、果たしてそれが殺人なのか、それとも国際人道法上の合法的な敵対行為なのか、です。ですから、私のは、法学の専門家のそれではなく、かなり雑なものです。でも、実務家として、「やっちゃいけないこと」は、体に染み付いています。現場は、ヤバイことの連続ですので。でも、日本の法曹界の人たちは、その雑な感覚さえ持っていないようです。

井筒…私は弁護士会からは呼ばれなかった（笑）。それは安保法制の

審議も終わり、ステージはその先に進んで、こんどはPKOの現行ルールとか国際法としての戦争のとらえ方など、より専門的なフィールドに舞台が移ったからだと思います。

　数年前までなら東京新聞の半田滋さんや鹿児島の弁護士会、日弁連や霞が関の役所など、いろいろしゃべる機会はありました。ただ日弁連にしても、一水会など右翼的な団体にしても、実態を話すと最後は会場の雰囲気が重苦しくなり、9条擁護派の数人が少し質問してくるくらいです。

　護憲派の人たちと事前打ち合わせをしても同じです。9条があって、PKO参加5原則があって、それで行っていた南スーダンは日本国内の理屈がまったく通用しない世界なんですと。みなさんは、これは戦争じゃない、PKOは武力を使うところじゃないと思うかもしれないけれど現実は違う。そんなやりとりをしていると、何人かは中座して帰られたりする。最近の傾向です。

　一方で、先の戦争で国民がどれだけ死んだと思っているんだみたいなことを言われます。9条があるのにおかしいじゃないか、なんで改憲なんだみたいな話をされる。だからまったく議論がかみ合わない。そんな状況です。

南スーダン、ジブチにおける「外交詐欺」

井筒…あのシールズがイベントを開いても、やって来るのは若い人、といっても30〜40代ぐらいで、高齢者がメインというのが現実です。

伊勢崎…私の大学の学生では、シールズへの関心はほとんどなかっ

たようです。アラブの春、雨傘運動、ひまわり学生運動などの社会運動の国際比較を、国際政治の観点から学問的にやるのが私のゼミですが、ゼミ生の社会運動としてのシールズの評価が非常に低かったのが、ちょっと意外でした。

井筒…そうですね。私の住んでいた加古川市の人たちは全然動かない。早稲田の大隈講堂でやったときでも早稲田の学生が来るのではなくて、やって来るのは早稲田のOBです。

伊勢崎…20代の私は、インドのスラム貧民街での住民の組織化からキャリアを始めたので、社会運動の評価はシビアです。社会運動は、先駆者が残した、ちゃんとした方法論があるんですよ。アメリカのコミュニティ・オーガナイザーのソウル・アリンスキーなどです。

　人が集まってワイワイ騒げばいいという話ではない。運動の結果変わるべきイシューがあり、権力の「悪魔化」がイシューではない。運動のスローガンやキャッチは、ヘイトで終わらないように、イシューに気を遣って設計するのです。「アベ政治を許さない」なんかは、例としては、最悪です。日本の場合は、安全保障政策に関しては安倍政権じゃなくても、リベラルが政権をとっても、イシューは繰り返されるばかりか更に悪化したのは経験済みです。

　結果、「アベ政治を許さない」は、何も変えていない。政策も何も変わらない。影響さえ与えていない。社会運動としては失敗です。失敗を失敗と捉え戦略化するのが社会運動なのですが、「アベ政治を許さない」はそのまま。

井筒…シールズが解散して、今の国会前はどうなっているかというと、ここのエリアは「総掛かり実行委員会」、ここは「九条の会」

関係、ここはどこにも属してない人というエリアのすみ分けがしてある。そうすると、声をかけられても、申し訳ないが、行ってしゃべろうという気にはならない。カテゴリーで分けるという昔ながらのスタイルにもどってしまったようで、全然進歩がないというか、これで運動としてどこまで持つのかなと。これは2016年末の12月29日の国会前で感じたことです。

　伊勢崎さんは逆に自民党とか与党系に呼ばれたりすることはありましたか。

伊勢崎…BSが多いですが、TV放送で与党の政治家と出演し議論することはあります。個人的にわかりあえる与党政治家はいます。たとえば髭の佐藤正久さん。

井筒…自衛隊出身で、イラク派遣のときの隊長。

伊勢崎…とんでも発言をしているようにみえますが、私は好きですよ。そりゃ、政治家、それも与党だからポジション・トークはあるでしょう。

井筒…そういうものですか。

伊勢崎…ポジション・トークは野党議員だって例外ではありません。護憲派の彼らが権力の座に就いた旧民主党政権時、どういうポジション・トークをしたかはすでに話しました。

　佐藤さんを評価するのは、国会議員にありがちな大名旅行はせず、こまめに単独で危険な海外の現場に足を運ぶことです。アフガニスタンにも来てくれました。現場の自衛隊のことも、もちろん理解していますが、その彼にしてもポジション・トークをせざるを得ない。

井筒…どういう発言でしたか、一番ひっかかったのは？

伊勢崎…「非戦闘地域」。やっぱり、これを否定するわけにはいかな

い。「自衛隊がいるから非戦闘地域なんです」という小泉政権のときのイラク派遣の隊長だったのですからね。

　施設部隊に限らず軍事組織は、交戦つまり戦闘を前提とするから、武器を携帯し、それを使った「結果」を説明する法体系を整備するのです。ましては海外派遣のときは地位協定で現地社会に裁判権を放棄させているのですからね。

　「自衛隊がいれば戦闘のほうで避けて通る」というのが日本の憲法解釈ですから、基地を一歩外に出たら法的には戦闘地域だという現場の常識で突かれると、しどろもどろになる。現場を知っているだけに。

井筒…なるほど。

伊勢崎…弁護士出身で総理補佐官をやっていた柴山昌彦衆議院議員（現文科相）、稲田さんの後に南スーダンに行きましたね。彼とも番組でじっくり話したのですけど、やはりよくわかっておられる。1999年の国連事務総長告知。日本には海外での一般過失を裁く法さえないこと。これで、地位協定で現地社会から裁判権を奪うことは、一種の「外交詐欺」であることは、指摘されれば、法律の専門家だけに、わかる。でも、認めるわけにはいかない。これは、別の番組で話した、自民党の憲法改正推進本部の船田元さんもそうでした。彼は正直だから顔に出ちゃう。みんな問題であることはわかっているのです。

　野党の側は現場に行って、国連平和維持軍の最高司令官と会談して、「自衛隊はあなたの指揮下にあるか？」とか、「日本には海外での過失を裁く国内法がないが地位協定上の問題はないか？」とか直接質問すればいい。特に、2番目の問題は、ジブチ政府、それも野党（ジブチは一応議会制民主主義の国）と正直に話してみればい

いのです。日本の憲法論争の歴史が一瞬にして変わります。

　でも、当の日本の野党が、こんな簡単なことをやらないのです。

　柴山さんが現地入りしたときの野党第一党は民進党でしたね。稲田防衛相が行った後すぐに持ちかけたのです。私も一緒に行くからと。そして、当時の安全保障委員会野党筆頭理事の現役議員と行く話が進んでいた。しかし、最後の段になって、党執行部から、待ったがかかったのです。まず「現地への行き方がわからない」で始まり、「危険なところに現役議員を送るわけにはいかない」と。信じられます？　挙げ句の果ては、「党が全費用を負担するから伊勢崎さんだけで行ってもらえないだろうか」、です。なぜ私が、自民党の佐藤さんや柴山さんを評価するかお分かりでしょう。

井筒…今の安保関連の問題のすべての原因をつくったのは旧民主党政権です。

伊勢崎…その反省もなく、やみくもに安倍政権が悪いと言っても、説得力は全くありません。

　私は安倍さんのファンではありませんが、安倍政権は、旧民主党政権が行なった「外交詐欺」の1つ、南スーダンPKOを終了させ、新しい「外交詐欺」を政権発足以来、現時点では1つもやっていないのですから、旧民主党政権より、全然マシなのです。

　もし日本の「外交詐欺」がバレて、ジブチの野党が怒って政権与党を糾弾している最中、自衛隊のヘリが基地周辺の住宅地に墜落、住民が多数犠牲になる事件が発生したと仮定しましょう。幸い自衛隊員は事故現場から周辺住民によって救出され軽傷で無事。この自衛隊員は地位協定によってジブチから訴追免除され、本国に返っても何の法的な措置がとられないと知ったら、果たして自

衛隊員を解放してくれるでしょうか。前述のイラクの「ブラックウォーター社」事件の後、住民は他の米傭兵の私刑を始めました。ジブチは、イスラム教スンニ派が多数を占める国です。

井筒…今の政権の中に、保守系革新の人たちの数は少なくなりましたけれども、さしあたってのロビー対象はそのへんでしょうか。

伊勢崎…はい。野党は、ほんとダメですが、何とか問題の本質を気づかさせねばなりません。おもしろい話をしましょう。

知人ですが、日本に駐在する海外メディアの1つ「France10」の及川健二さんが、主要な野党の代表、党幹部をまわって同じ質問をしてくれたのです。「日本には、軍事過失どころか海外での一般過失を裁く法整備がないのに、他国と地位協定を結んで裁判権を放棄させ駐留し、防衛出動もできる実態がある。たとえば、今ジブチで自衛隊ヘリが民家に墜落し死傷者が出たらどうする？」という質問です。

立憲民主党は、実態として、それが非常に深刻な問題と理解し、それを明言しています。でも、そのための法整備をするかしないかは、代表の枝野さんと幹事長の福山さんの間で意見が分かれ、曖昧です。なぜ旧民主党政権のときにそれを考えなかったのか、頭を抱えたくなります。

民進党（当時）の大塚耕平さんは、日本の法整備の空白を認識しつつも「事故を起こさないという想定に立つ」と明言。これをジブチ政府に聞かせたら、即、外交問題になりかねない発言です。

日本共産党の志位和夫さんは、自衛隊の法整備の必要性に関して、「防衛出動でも自衛隊があらゆる手段を使って戦うことをしっかり想定する」と明言。だけど、「それは非常時のことだから法整備は要らない」と。これは、海外特派員協会の公開講演会の席で

の発言ですので、Youtubeに残っています。非常時のことを想定するから法整備するのでしょうが！　この状態でこの党に政権をとらせたら、これも国際問題になりかねない発言です。

　自由党の2人の代表は割れます。一方の小沢一郎さんは、軍司法を整備し国連に指揮権を譲渡せよ。前述の国連常備軍のことですが、「待機軍」の構想さえ実現していないので夢想のレベルです。もうひとりの代表（当時）の山本太郎さんは、「現行の憲法を変えないで法整備する」可能性を言っていて、双方とも問題意識だけはしっかりしています。少しマシと言えます。

　希望の党（当時）の玉木雄一郎さんは、この問題は、ジブチ国民に対する「人権問題」であること、同時に、これは9条2項の問題であるとしっかり認識しています。いいですね。

　以上、一番軌道を逸しているのは、事故を「想定外」とする民進党の大塚代表です。一方で、これは、護憲派の憲法学者、法曹の意識を代表していると思います。

　日本共産党の志位さんの発言は、「日本に攻めて来たらジュネーブ条約なんて全く気にせずに血祭りにするぞ」と言っているようなもので、これを高らかに宣言したら、ある意味、国防における最強の抑止力になるかも知れません。同時に、欧米のスキンヘッドの極右政党が言いそうなセリフです。

　軍事過失の法理を持たず軍事組織を持つという、国際法の観点からは「異常」な実態への問題意識は、やっと芽生えてきた感がありますが、今この瞬間に「事故」は起こるのです。日本国内で米オスプレイが落ちるように。日本国内でも自衛隊機が落ちたばかりです。

国連PKOの歴史的な転換を
スルーした日本

井筒…伊勢崎さんの認識としては、そもそも安保法制は旧民主党が生み出したものだということですね。

伊勢崎…そうです。

井筒…ただ旧民主党の議員たちにはその自覚が足りない。

　南スーダンに最初の将校クラス2名を派遣したのは2011年の11月ごろで、年が明けて2012年の1月に部隊を投入しました。

伊勢崎…そう、2012年の年明けからですね。そして民主党政権が終わったのが同年の12月。

　南スーダンの大統領と副大統領の仲が悪いというのはよく知られていたことでした。あそこは軍閥の世界です。スーダン内戦で成り上がった連中で、覇権争いの中の連立政権だったわけです。しかしPKO発動時のマンデートは、東ティモールのときと同じように国づくり支援。みんなで新しい国の誕生を支援しようと。でも、みんなわかっていた。絶対うまくいくはずがないと。だから国連は当初から、大型の国連平和維持軍を擁するミッション設計をしたのです。これを日本政府は完全に見誤ったのです。

井筒…しばらくして情勢がおかしくなって、それが本格化するのが2013年です。内戦状態になりました。

伊勢崎…はい。そして国連はマンデートを「住民保護」に変更しました。

　当時、私には、民主党政権の中枢にいた仲のいい護憲派の議員がたくさんいました。普段なら絶対に国会議員の「呼びつけ」には応じない私が、わざわざ「陳情」までしてロビー活動したので

す。訴えたのは次の3つです。

南スーダンPKOは、その隣接する紛争国（コンゴ民主共和国、中央アフリカ共和国）のPKOがすでにそうであったように、マンデートが「住民保護」に変換する可能性が大であること。

そして、もし「住民保護」が発動されたら、日本のPKO参加5原則が成り立たなくなること。それで撤退するとしたら、それは「住民を見放す」ということだから、国際人道世論を敵にし、手遅れになること。

そして、何より、1999年の国連事務総長告知から国連の「国際人道法」と「地位協定」と「各派兵国の国内法廷の整備」の考え方が確立していて、日本は部隊派遣の資格をとっくの昔に喪失していること。

井筒…護憲派の議員たちはわかってくれましたか。

伊勢崎…ダメですね。護憲派の議員として、そして政治として、改憲論議に直結することを発議できないと。結局、9条の地位が脅かされることは、何もやりたくない。

井筒…それで、伊勢崎さんは何と？

伊勢崎…改憲派保守の思う壺だと言う議員もいました。こうなると、もう何もできません。

井筒…逆にそのとき、党として正しい舵取りをしていれば……。

伊勢崎…当時の民主党は次から次へと首相がめまぐるしく変わっていって、しょうがないといえばしょうがないのだけれど、ここで当たり前のことに気づくわけです。護憲への信仰を票田とする護憲の政治は、護憲の問題を自ら是正することはない、と。

井筒…民主党政権はそういう決断をするときに、伊勢崎さんや伊勢崎さんの周辺に相談に来たりしなかったのですか。

伊勢崎…ありませんでした。だから私のほうから会いに行ったのです。政治家にこちらから擦り寄るなんて、研究者として、絶対にやりたくなかったのですが、しょうがない。

井筒…蓋をすることにはなるけれども、自衛隊を出さない。まだそういう選択肢もあったのだと。

伊勢崎…はい。本来であれば、1999年の国連事務総長告知が出たときに、果たして現行の9条で国連の集団安全保障に組みすることができるのか否か、国民的な議論をするべきでした。つまり、憲法前文にある、自国のことだけじゃなく世界の平和に資する名誉ある地位を占めるために、同告知で激変した現在の集団安全保障に、現行の9条で対応できるのか否かです。

　国連の集団安全保障を激変させた同告知が発動されたのは、悲劇的な人道危機が背景にあります。その1つが、前に述べたように、ルワンダの大虐殺です。

井筒…このときルワンダでは、100日間で100万人という信じられない数の住民が虐殺されたということでしたね。

伊勢崎…現場に国連平和維持軍がいたのに何もできなかった。国連PKOのトラウマになった事件です。それと同時進行するように、コンゴ民主共和国なんかでは、この20年間になんと東京の人口の半分ぐらいが消滅している。国連は何もできないのか。このきわめて人道的なジレンマから、国連平和維持軍が、ある国の苦しんでいる民衆をその国家に変わって守る「保護する責任」という概念が生まれ、現在の「住民の保護」に至ります。その国家自身が民衆を苦しめているときも、です。

　その際に、国連平和維持軍は当然「交戦」を前提にしなればならない。しかし、国連はその発足以来、加盟国に対してジュネー

ブ条約等の国際人道法の批准と履行を勧告する立場ですから、国連自身がそれを批准するということは想定されていなかったのです。でも、国連も、1つの国家のように「交戦」するようになった。当然、その結果として殺傷と破壊が引き起こされるので、その責任をどうするかが問題になり、それに決着をつけたのが1999年の国連事務総長告知だったのです。

　もう1つ交戦の結果としての殺傷と破壊を想定していない主体があり、それが日本です。国連と違い、国家でありながら。この状態で、PKO部隊を派遣してきたわけです。

井筒…PKO参加5原則という虚構が生きていたから。

伊勢崎…改憲派保守と護憲派リベラルの両方が、この国連の変化をスルーしたのです。前者にとっては、今まで無理してやってきたPKO派遣にケチが付けられることは避けたい。後者にとっても、改憲論議の引き金を引きたくない。双方が保身に走り、「真実」を犠牲にした。政府も、外務省も、防衛省も、日本政府国連代表部も、PKO派遣の司令塔である内閣府国際平和協力本部も、そして護憲派憲法学者も、護憲派法曹人も、全員スルーしたのです。

不毛な安保法制論議をいつまで続けるのか

井筒…民主党から政権を取り戻した自民党も基本的には同じ。自公政権もしかりですね。タブー化したことについて、若干自覚的になりつつあるのでしょうか。

伊勢崎…政治がどこまで理解しているか。でも、防衛省、特に陸上自衛隊は、少なくともPKO参加5原則が変わらない限り、次の部

隊派遣はないと考えているはずです。

井筒…ようやく今になって気づいて、あたふたしているということなんですかねえ。

伊勢崎…やはり人間は、事故がないと何も学ばない。事故があっても学ばないケースもありますが（笑）。メディアも、与党系の実力者との対談を企画してくれるようになりました。

井筒…私は鈴木克昌さんや松野頼久さんなど、いわゆる旧民主党の大畠グループの人たちに呼ばれることが多いですね。小沢一郎さんと菅直人さんにも個別に呼ばれてパワーポイントで説明をしました。これはまったく参加5原則とかのレベルの話じゃないからちゃんと正面からやったほうがいいと。2015年9月の安保法制の強行採決の前ですね。自由党の山本太郎さんの国会質問のネタも提供しました。

伊勢崎…あれは、いい質問でした。

井筒…私がレクチャーしたのは、今の自衛隊の体制や年齢構成のまま戦争まで踏み込むのはナンセンスで、組織をきちんとピラミット型に再編成し、訓練も平準化するなどしたら交戦も可能だと言ったら、全部カットされました。山本さんは派遣そのものに反対ですから。

　現地で何かあったときの、不測の事態への対応がまったくできていないでしょうと。自衛隊員は行けと言われたら、行きますと言うしかないし、大丈夫かと言われたら、大丈夫ですと答えなければいけないんです。

　南スーダンに派遣された隊員の半分は生きて帰って来られないぐらいの覚悟をもって行ったはずです。宿営地の共同防御というのも新しく任務の中に入りました。自衛隊は宿営地から出ない、

政府の説明ではね。しかし今や宿営地にも難民が助けてくれと敵と共にやって来るという状況なので、そのときに宿営地から出ないで、どうやって対処するのか。

そんなことも満足に答えを出せない状況ではよくない、きちんと論戦してくださいとお願いしたのですが、どの勉強会に行っても、安倍の土俵に乗っちゃだめだと。問題点はわかったけれど、今は違憲か合憲かの切り口なんだと言うわけです。認識を改めて、そこからどうするのかという判断ではなくて、ただ単に安保法制は不備が多すぎるからだめだと言うのです。

伊勢崎…自衛隊幹部経験者の皆さんと、このころ一緒に仕事をすることが多いのですが、安保法制に不備を感じている人はすごく多い。当たり前です。国際法上は「戦力」である自衛隊の法的な地位の矛盾を何も解決せずに、ただ「もっと撃て」と言っているのですから、あの安保法制は。

でも、安倍さんがこれをやらなかったら、矛盾はそのまま。旧民主党政権のように。何も変わることはない。しかし、現場はもう限界。大きな事故が起きるのを待っているようなものです。

井筒…自衛隊も本来なら行けないところなのに居つづけていた。

伊勢崎…だから、そういう自衛隊幹部経験者は、安倍政権の安保法制も、そして今回の安倍加憲も、矛盾の据え置きより「マシ」だと考えている。だから、安倍さんを支持するか、しないかを問われたら、支持すると。私は、安倍政権を支持しませんが、そこまでの問題意識は、彼らと全く一緒です。

しかし、今の矛盾のままだと、海外任務で自衛隊が軍事的過失を犯した場合、指揮命令系統への責任を勘案する軍刑法はおろか、海外の一般過失を裁く刑法さえないので、最悪、国家の命令行動

の過失を自衛隊個人が故意犯として責任を負うハメになる。その法理の現実を、指揮官経験者として、もっと真摯に考えてほしい。これは、自衛隊員に対する人権問題なのです。

　私が指揮官だったらそのように考えますが、自衛隊の場合、指揮官といっても戦後一度もこういうことを考える現実がなかったのですから、しようがないですね。

　でも、自衛隊の最高指揮官をいたるところで吹聴する現在の総理は別です。「全責任は最高指揮官の私が」というのは政治的プロテクションに見えますが、自衛隊員の「戦闘員」としての人権を国家が保障する法的プロテクションなしでは、何の意味もありません。これを、この平和ボケ宰相は理解するべきです。

井筒…安保法制は、腑抜けの政治的プロテクションに過ぎない、と。
伊勢崎…はい。でも、繰り返すように、安保法制だけの問題では、絶対にありません。1992年のカンボジアPKOから、ずっと、日本の自衛隊海外派遣論議の専門用語として定着した「後方支援」。これは、ホント、罪深いです。その後に出た「非戦闘地域」と同じで、自衛隊がいるところは「交戦のほうで避けて通る」、世界で唯一、自衛隊のためだけに戦場に存在する「法理空間」なのです。「後方」は、戦況いかんで、いつ何時でも「最前線」になるわけですから、現場では、こんなものは存在しません。

　「共同防御」とは、いまさら、何なんでしょう。同じ国連の統合指揮下にいて、同じ宿営地にいる他国の軍と共同できなかったら、そもそも最初から部隊として来てはいけないのです。でも、司令部が、施設部隊にそれをどこまで能動的にやらせるかは、常識的に考えれば、有事には他国の歩兵部隊になるべく負担にならないように自分たちの守備はまず自分たちでやってね、というもので

しょう。

井筒…現場では、自衛官の身の安全を確保することを前提に守備力の質をあげていく努力が常になされていないといけない。これまでの24年間、宿営地は共同防御もしてはいけないことになっていた。なにかあったら引きこもれというか、周りの軍隊に助けてもらいなさいというだけだった。それが今は、正当防衛も含めた範疇での身の安全をはかるということだけに限定すれば、伊勢崎さんが言われるように、安保法制は確実に、自衛隊に、常識的な部隊の機能を与えています。

伊勢崎…そうです、普通の部隊になれと。政治的プロテクション"だけ"を 。

井筒…それでもまだ矛盾は残っています。先ほども言いましたが、宿営地の共同防御をするときに、自衛隊は宿営地内でしか対処してはいけない。外に出てはいけない。

でも宿営地や陣地を守るときに家の中にいて、敵が家の中に入って来たら手を出しますということでは、そもそも論として成り立たない。前提条件として相手を部屋に入れてからということだから話になりません。やられそうだ、危ないとなったら家から出て行って戦わないと戦いになりませんよ。補給庫や弾薬庫まで攻撃されていながら中で守備をしてもなんの意味もない。それで何が防御なのかと。

これは現実的には、法律上の原則論でいうと、何もできないということです。官邸、NSC、防衛省、外務省、そして安倍総理、官房長官、防衛大臣、外務大臣などが現実をわざと見えないようにしているのか。

伊勢崎…戦端が開かれ、国際法上の「交戦」が始まったら、軍事行

動はどんどん能動的になっていきます。敵の次撃を抑止するために敵地に乗り出すことは、戦端が開かれた後なら、国際法上、違法ではありません。

でも、日本は、自衛隊に、こういう法理空間を与えていません。しかし、共同防衛は、ここまで想定しないと、ホントに現実となるのだから。

安保法制は、法理空間を与えず自衛隊員に、「もっと撃て」と、首相が政治的プロテクションを与えているものだと。こう言っているのですが、こういう方向でしか日本は変えられないという読みでグランドデザインを考えている人がいたら、大したものですね。必ず事件は起こりますので、それでしか日本は変わらないと。

井筒…そのように仕向けていると。

繰り返しになりますが、宿営地の共同防御では、宿営地に引きこもっている状態で、お隣さんを助けることをしてはだめだったんです。官邸のホームページにそう載っています。

伊勢崎…これはありえないですね。

井筒…線引きはそんなにきれいにはいかないですよ。

伊勢崎…いくわけがない(苦笑)。

井筒…こんどは一応点じゃなくて面として、この中だけは自衛隊が動けるようになった。それは一歩前進というか、多少風通しはよくなったかなということ。

現実はこの中でディフェンスを敷いたり、アタックに行ったりとかするのではなくて、いかにここから遠ざけるべく敵を押し返すかというときに、そんなことでどうするのという話なのです。

伊勢崎…ディフェンスといっても、いったん、戦端が開かれたら、国際人道法の違法行為の範疇であれば、能動的に色々なことがで

きる。それを制限するのは国際人道法しかない。いわゆる永世中立国でも、中立の概念が脅かされる戦端が開かれたとき、普通の国のようにディフェンス、つまり「交戦」する。

井筒…スイスは徴兵制も敷いています。戸建ての家はマシンガンを持たなければいけないんですよ。だから守る気というか、戦う気まんまんですよね。

伊勢崎…自衛隊がどんなに防御に徹していても、住民が逃げてきて、一発の銃声で戦端が開かれたら「交戦」しなければならない。住民への「誤射」も想定しなければならない。

　まあ、安倍政権の安保法制は、そういう現実のニーズに沿っています。でも、自衛隊員に、そのための法的なプロテクションを与えていない。無責任きわまりない。

井筒…まあニーズに沿うというか、現場では当たり前のことです。ただ現場で当り前のことをちゃんと実行に移そうとすると、これだけでは全然不十分ですね。

伊勢崎…施設部隊ですから、その警護小隊にも、外に出てパトロールをやれとは、統合指令部は絶対言わないです。これが駆り出されるときというのは（特に国連本部のある首都で）、本当に全面戦争になるときですね。いくら「住民の保護」がマンデートでも、国連はそこまでやらないです。そうなるずっと前に白旗を挙げるでしょう。

井筒…いくら住民保護だといっても、自衛隊の今の基本ルールではヤバイときにこそ想定される行動をとる法的根拠がないのです。そうすると、他国の軍の足手まといか、足を引っ張ってしまう。そんなリスクを背負う自衛隊をわざわざ出すのかということです。

個別的自衛権の発動による
交戦を認めよ

井筒…どうすればいいとお思いですか？
伊勢崎…私は、海外で部隊派遣されている自衛隊を、とにかく全部、いったん、帰還させるべきだと思います。今現在は、ジブチ駐留ですが、日本の「法の空白」を、ジブチ政府そして他の多国籍軍の関係政府に正直に説明して、南スーダンのときのように、シラーッと、いったん、撤収するべきです。

　ここは、立憲民主党が旧民主党政権のときの非を認めて、野党を集結させるべきです。「護憲」のためではなく、正々堂々と「法の空白」に向き合うために。

　野党は、ジブチ駐留を1日でも延ばすリスクをちゃんと見据えるべきです。自衛隊機の墜落など、何か起きてしまったら、それでおしまいです。それで、前述の例えのように自衛隊員が犠牲になってしまったら。自国の兵士の殉職を政治利用しない政権は歴史上存在しないのです。安倍政権だったら「自衛隊員が犠牲になったのは9条のせいだ」というキャンペーンを張るに決まっています。

井筒…そう思います。立法事実ができますからね。そうなったときのことも考えておかなければいけないのですが、それは最悪のシナリオ。

　よりましな憲法ではなくて、たとえば自民党の憲法草案みたいなものが確実に成立してしまうということですね。
伊勢崎…はい。そっちへの追い風になるでしょうね。ここでしっかりリスクとして認識すべきは、そういう事故は、つくれる、とい

うことです。日本はメディアが弱い。定点観測するような海外駐在もしない。権力によるストーリーのつくり放題です。

井筒…そこが日本のメディアの弱いところですね。財力があるはずの大手のメディアは、イラク戦争のときも米軍にエンベッド（組み込む）しただけ。サマワの陸自派遣のときも、そう。大本営放送と揶揄されました。

伊勢崎…日本共産党も、その他の護憲派勢力も、なんで、このリスクをヘッジしないのでしょう。「ジブチ駐留は、護憲のための憲法解釈が引き起こした外交詐欺であり、即刻撤収させなければならない」と、なぜ行動できないのか。安倍政権を悪魔化する割には、故意の事故なんて起こさないと、ここだけ性善説に立っている。

井筒…たしかに。安保法制を悪魔化することだけを政局にしようとしている。それ以前の憲法から連続する問題を放っておいて、事故を契機に9条が悪魔化されるリスクを考えていない。

伊勢崎…改憲議論に踏み込んだら最後、利用されてしまうというメンタリティがいわゆるリベラル派の中にある。

井筒…要は自衛隊を海外で使うのであれば、「自衛戦争」をするところまで腹をくくる。その国民的コンセンサスを得なければいけない。それはムリ、コンセンサスはとれないし嫌だというのだったら、自衛隊を使わない「自衛」や国連の集団安全保障をどうするのか、明確な具体例を提示していかないと。理想論ではなく。

伊勢崎…はい。でも、何にしても、もし日本の領海領域領土内に敵勢力があらわれたら、それに自衛隊が対処しなくても、警察でも、義勇軍でも、それが必要最小限の行使でも、「交戦」とみなされ、交戦のルールである国際人道法を守って行動し、その違反行為を統制することを国家は期待されるわけです。

井筒…日本が攻められたら国連軍が乗り込んで来て助けてくれるから大丈夫だという意見がリベラルの一部であります。それは大筋のシナリオかもしれませんが、国連安保理が決議して来てくれるまでの間は、自分の国は自分たちで守ることは当該加盟国に委ねられている。自衛隊が存在する限り、専守防衛という概念で防衛出動する。それは、安保法制以前から法令化されている。そう言うと、9条が交戦権を否定しているんだからそれはできないと言われる。

伊勢崎…人類史上初めて、自衛のための交戦をも認めない国に、マッカーサーは日本をしたかったのだと思います。9条2項を、内閣府のホームページにあるGHQから変わらない英語原文で読んでください。和文である現行憲法とニュアンスが違います。英文和訳問題だったら採点で一番ちゃんと訳すように目を引くpotentialの正しい訳、これがない。現行憲法では、ただ「その他の戦力」です。Potentialとは「潜在能力」ですよ。これ、日本人の牙だけでなく全部の歯を抜くことですよ。

　敵が現れて、自衛しない国家は、地球上に存在しません。つまり、マッカーサーははじめから日本を国家にするつもりがなかったのでしょう。

井筒…ほとんど植民地と変わらないと思います。

伊勢崎…はい。戦後ずっと、今でも。

　9条と、ガンディーさんの非暴力主義を混同する護憲派がいます。はっきり申し上げます。ガンディーさんは「戦力」と「交戦」を否定していません。

　忘れていけないのは、ガンディーさんたちが独立闘争をやっていたピークは、第二次世界大戦末期。日本軍が隣のビルマまで

迫っていたのです。あのインパール作戦です。イギリスとの交渉は熾烈なやり取りがあったはずです。イギリスは言ったのです。「イギリスが出て行ったら、日本軍が攻めてくるよ。どうするの?」と。ガンディーさんはなんて言ったと思います?

　当時の英国インド軍、英国人が指揮官で、下っ端は全部インド人です。ガンディーさんは、「イギリスが出て行ってもインド軍を解体せず、日本軍と戦わせる」と言ったのです。でも日本軍が勝って支配されてしまったら、「市民」として不服従の非暴力の抵抗をする、と。

　非暴力主義は白旗を揚げることでありません。ガンディーさんに怒られますよ。

　一番、始末に負えないのが日本共産党です。実態としての「戦力」を法理的に認めないための理論武装として、「段階的解消」を掲げています。これ、ホント、始末に負えない。

　だって、そうでしょう。自衛隊の「段階的解消」論は、「戦力」を認めてそれを軍縮することなら美しいことですが、「戦力」を認めない上でのそれは、例えて言うと、いつか捨てると宣言した武器で人を殺してしまって、その宣言を理由に免責を主張することです。全く意味をなさないばかりか、法の摂理に対する、筆舌に尽くしがたい愚弄です。段階的解消する前に「事故」が起きたら、段階的解消論なんて、一瞬にして崩壊します。

井筒…やはり自衛隊が一定の交戦権を行使できる主体として自覚しなければいけないと。だとしたら9条も変えて自衛隊の交戦権も認めた上で、変なことをしないような厳格な歯止めをかけていく。そうした体制をちゃんと法律で規定しようと。

伊勢崎…国家の実力組織としての機能を与えられた以上、国家の命

で行動する限り、国家には実力組織の行動を「交戦」と見なし、その結果発生する過失・犯罪を審理する義務があります。繰り返しますが、その実力組織が「必要最小限」のものであっても、です。

　この前提で、「非戦」を考えるとしたら、1つの道しかありません。その「交戦」に地理的な制限を与えることです。つまり、何をされても、交戦するのは、日本の領海領空領土の中だけ。敵を追いかけて敵地攻撃することもしない、ということです。「迎撃」だけですね。これを普段から…ここが大切です…高らかに謳いあげることを「抑止力」とする。

井筒…それは自らを犠牲にする覚悟ですね、「非戦」を守るために。

伊勢崎…そうです。下手に攻撃したら、日本国民は死に物狂いで、国際人道法に則って、徹底的に応戦する。でも、それは国内だけ。何をされてもそれ以上は追いかけて行かない。こんな「潔い」国を攻撃することで世界全体を敵にするリスクを相手に広く周知させる。抑止というのは、相手の意欲を事前に削ぐから、抑止というのです。これに勝る抑止力があるでしょうか。少々旧式な武器でも、高価な「ハリボテ」武器より、ずっと抑止になるはずです。

井筒…一方で、世界では残念なことにあっちこっちでひどい殺し合いがあい変わらず起きているわけですね。それに対してはどうするか、という大きな問題がある。

伊勢崎…はい。そのほとんどが、アメリカが個別的自衛権を口実に始めた戦争です。そのアメリカの軍事力がわれわれ日本の体内にいるわけです。今一番大きな戦争は、2001年9・11同時多発テロを契機にはじまった「テロとの戦い」です。アフガニスタン戦は、すでにアメリカ建国史上最長の戦争になっており、3人の大統領

を跨ぐものになっていても、アメリカに軍事的な勝利の兆しさえありません。アメリカは、こんなに長い戦争を戦ったことがないのです。恐るべき敵をつくりだしてしまった。アメリカ＋NATOでも敵わないのです。その敵がどんどん拡大している。ホーム・グロウン・テロというかたちで、彼らの体内にも。

井筒…だから、日本が狙われる。

伊勢崎…仮想敵国の目の前にいながら、日本には国防上の「懐」がないのです。だからこそ、かつては大東亜共栄圏を夢想したわけですが、今は平べったい島国に「原発」を並べただけです。

これをボクシングにたとえると、大きなアメリカをセコンドに持つも、9条で後ろ手に縛られたまま、自ら腹を搔っ捌いて臓物を敵に露出しているようなものです。この臓物を引っ込めて傷口を縫うことは未来永劫できません。核物質を地球外に廃棄する技術ができない限りは。そして、臓物が狙われたら真っ先に逃げるのは、セコンドのアメリカでしょう。3・11の東日本大震災のとき、横須賀の米空母ジョージ・ワシントンが真っ先に逃げ出したように。

つまり、日本は、臓物を攻撃しないという敵の善意、原子力施設への攻撃が違法化されている国際人道法を、北朝鮮も含めた国連加盟国なら「守る」だろうという、薄氷のような〝良識〟に依存してゆかなければ、国防という概念さえ成り立たないのです。そして、原子力施設への攻撃は、通常兵器に頼る必要すらありません。国家でなく、単なる非武装の集団でもできる。「電源喪失」で済むのです。3・11が、世界に向けて、明確に、広く示唆したヒントです。今、人類は、そんな「良識」など歯牙にもかけない敵に直面しているのです。アメリカがつくりだした敵です。

井筒…その敵が日本にもやって来ると。

伊勢崎…はい。日本に照準を合わせるのは時間の問題だと思います。日本の国防のためにアメリカとの関係を考え直す。9条も再考する。アメリカの言うなりに買った「ハリボテ」じゃなく、日本の外に軍事力を出さないという国家のメッセージを発信し続け、何とか日本への攻撃が彼らの「教義」にならないよう「悪あがき」するしかない。

われわれは武力を持つけれども、それはあなたたちイスラムの世界を侵略するためではない。アメリカも体内にいるが、これはあくまでもあなたたち以外の目的のためである。アメリカが日本をベースにしてあなたたちを攻撃するようなことは絶対にさせない。絶対に、イスラム教徒のいるところに十字軍を送るようなことはしない。これを言い続けるしかない。日本の宿命なのです。

井筒…そこで、南スーダンに派遣された自衛隊はテロリストたちにどう映るか、ということですが。

伊勢崎…幸い、南スーダンには、目立ったイスラム教系の武装集団はありませんが、あの辺の国境は植民地支配の際に勝手に引かれたもので、あってないようなものです。隣の中央アフリカ共和国では、紛争構造の一翼がイスラム系です。現在も自衛隊が駐留する北アフリカのジブチも、イスラム教の国です。

私は、専門柄、イスラム圏の研究者との付き合いや教え子として指導する機会が多くありますが、日本の「人畜無害」のイメージが確実に変わり始めたのは、アメリカの同盟国のほとんどが、その開戦の正義を疑問視し参戦しなかったイラクに陸上自衛隊を駐留させた2003年から、という感じを持っています。その後、そのイメージは、安倍政権になってISに名指しされるのを待つまで

もなく、どんどん失われていきました。もうイスラム圏の人々にとっての日本のイメージは、日本人が考えるほど良くはありません。

井筒…もう一回話を9条の話に戻すと、自民党は9条を変え、自衛権をきちんと位置づけるんだという。しかしそうなると、第二次大戦の悪夢、坂を転がり落ちるように戦争にのめり込んでいったあの悪夢を思い出さざるをえません。後で気づいたら大失敗、どこでそんなことになったのか。そんなことは二度と繰り返さないような枠組み、法整備をちゃんとしないといけないと。

そのときに、戦争をなくしたいと思っている人たちも一緒に、9条をどう変えるかという議論に入ろうよというのが伊勢崎さんのお考えですね。

伊勢崎…はい、そうです。

井筒…自民党に9条改憲の具体案を全部出させる。今の9条をどう変えたらより9条が歯止めとして機能するのか。その案を各政党が競い合うという話ですね。共産党は北東アジア集団安全保障構想を考えていますが、実は私がいちばん怖いと思ったのは旧民進党の人たちです。

民進党は安保法のときも、自公案を廃止して新しい案を出すと蓮舫さんが街頭でガンガン言っていたんです。でも、それは出てこなかった。民進党に議論をさせるぐらいだったら今の安倍首相のときに、9条を変えるのかどうかを議論させるほうが、よっぽど自衛隊にとっての歯止めになると思います。

旧民進党の人たちは何を考えているのか、さっぱりわからない、相も変わらずまとまらない人たちです。

リベラル派の思考的サボタージュはもう許されないと思います。

第6章

護憲派こそ憲法改正案をつくるべし

安倍改憲案は法理の破壊だが…

井筒…それでは、そろそろメインテーマである9条改憲についての議論に移りたいと思います。安倍さんの「9条の2」に自衛隊を明記するという案を念頭において。

伊勢崎…自民党の改憲案の中で、「自衛隊」の名称をどうするかについては、私がいろんなところで騒いだからということではもちろんないでしょうが、いくら何でも、という意見が自民党の中でもかなりあるのではないでしょうか。

井筒…今の論調では、「国を守るための最小限の実力組織」との表現で、「自衛隊」とか「軍隊」とは一切表記しないと。

伊勢崎…はい。最終的にはそうなっても、今はあえて「自衛隊」明記を言うことによって、泣く泣く妥協したように見せられる「のりしろ」をつくっている。

　「自衛のための最小限の実力組織は例外である」のようなものでおさめれば、「自衛隊」を明記しなくても、自衛隊の地位を憲法で確立する目的は達成できる。

井筒…護憲派のほうも、まあそれならいいかという話になるかもしれませんよ。もし国民投票があったら、それで通るかもしれない。だから今、護憲派の人たちがざわついています。

伊勢崎…護憲派というと、何か良いものを護っているように聞こえますが、実は、戦後ずっと国際法を曲解してきた解釈改憲の護持派なんですよね。

井筒…確かにそうですね。

伊勢崎…安倍加憲は言ってみれば、その解釈改憲を明文化するだけです。ジブチの自衛隊駐留で日本がやっている「外交詐欺」は、

まさにこの解釈改憲が生んだものですが、護憲派勢力が旧民主党政権時に容認してしまったことで、今は何も批判できない。

日本共産党だって、従来の「自衛隊の海外派遣は違憲」もしくは「安保法制は違憲」だからジブチから撤退せよ、とは言えるけど、「日本は軍事的過失を裁く法体系がないのに地位協定によってジブチに裁判権を放棄させるのは詐欺行為」だから撤退せよ、とは言えない。

明文化するかしないかだけで、誤魔化していることは安倍政権と同じなのです。

実は立憲民主党の一部は安倍加憲に対抗すべく代替案をつくる作業に入っていて、私はそれを見せられたのですが、全部セクシーじゃないんですね。（笑）　だって、単純に自衛隊を明記するだけの条文案に対抗するとなると、なんかアレやっちゃいけない、コレやっちゃいけないっていう具合に、どんどん見た目が重たくなってくる。結果、全く美しくない。分かりやすさを求める国民は、安倍加憲に流れていっちゃいますよね。

井筒…野党が9条1本で勝負するにしても、そこをすっきりしないと話になりません。

伊勢崎…安倍加憲は、9条2項をそのまま残すのですから、実質的には「護憲」なのです。前述のように英語で考えるとアホらしさがよくわかる。だって、2項でpotential（潜在能力）も含めてforces（軍隊）を持たないと言っているのに、追加項で、self-defense forces（自衛隊）を持つと言うのですから。

「後法は前法に優る」みたいな法学論を持ち出したって、戦後70年、初めてやる改憲がこれかよ！って話です。なんで矛盾を総決算しないのか、と。子供にどう説明するんですかね、ホント。

年寄り連中よりずっと英語力のある子供たちに。

緊急事態条項は不要である

井筒…自民党案の中で、もう1つ議論を惹き起こしているのが「緊急事態条項」。左側からのものすごい反対があります。

大規模災害や他国からの武力攻撃を受けた緊急時の政府や国会の権限を規定するもので、首相の権限強化などを定めています。また、人権に対して特別の制限が課されることもあるというものです。

リベラル派はこれを、政府などの一部に権力が集まりすぎ、民主主義の存続が脅かされるとして猛反対しています。ナチスの全権委任法と同じだとか、「内閣独裁」だとか。

伊勢崎…例えが悪いですよね。現実にはほとんどの先進国は緊急事態法のようなものを持っています。持たない国が珍しいぐらいです。フランスの場合は、国民議会（下院）が2015年11月のパリ同時多発テロ後に出した非常事態宣言を、やっと2017年11月に解除しました。この間は、国民の自由は制限され、警察は軍事化し、警察だけでなく軍隊が国民の日常生活に入ってくる。そして、個々の被疑者・犯人の人権を尊重しなければならない「平時」が、敵の殲滅（国内的には法的手続きなしの擬似処刑が正当化される「軍事」）に取って代わられる。つまり、防犯と戦争の区別がなくなります。

井筒…それが区別しづらいので、治安出動をするかしないかを、憲法に書くか書かないかという話です。

伊勢崎…問題は、治安出動ができると先に法令化しても、軍事標的と化したテロ犯人を殲滅する治安出動の中で、もし一般過失・犯

罪の規模を遥かに超えると想定される軍事行動が犯す過失・犯罪が起きてしまったら、それを扱う法体系をもっていないのです、日本は。国際人道法違反は、国内でも、もちろん適応されるのです。内戦下のPKO活動の現場のように。

手順としては、自衛隊の軍事行動をちゃんと法的に位置付けてからでないと。

井筒…そういう手順でいくのがふつうです。

伊勢崎…今まで扱ってきた海外派遣や防衛出動と同じ法的な問題を抱えさせて、国内で発生する軍事行動という異常事態中の異常事態でも、政治的に「もっとやれ」と自衛隊に命令する。とんでもないことです。

井筒…今のところ警察がギブアップしたら自衛隊を送るというのが、私たちが習った治安です。

伊勢崎…それはまったくおかしいですね。いわゆる警察力による防犯という世界と、軍事力による戦争つまり国際人道法が統制する世界とでは、同じ現場でも一瞬にして移行しますが、法的な根拠が異なるのです。

井筒…象徴的なのが朝霞駐屯地で観閲式をやるときです。警視庁の機動隊が正門から裏門までを固めて警備をしてくれるわけです。自衛隊を機動隊が守ってくれる。

なんで俺たちレンジャーが機動隊ごときに守ってもらわないといけないのか。駐屯地の外には警察犬。それっておかしくないのと言ったら、まずは彼らが頑張ってダメだったら俺たちが出る、治安出動できる。そういう仕組みだからしょうがないと。

伊勢崎…治安出動を現場の警察と自衛隊の間で決められては、絶対に困ります。なぜなら、防犯の世界から軍事の世界への移行とい

うのは、憲法を止めるということなのです。日本は法治国家なのですから、どんな小さな現場でも、この移行が起きるときには、民主的手続きを経なければなりません。現場の判断で「シームレス」にやられては絶対にならない。

井筒…本来の「政治判断」とか「文民コントロール」ですね。そのへんの線引きはきちんとクリアされていなくて、われわれがレクチャーを受けても、なんか釈然としないねという話で終わっていました。

それでも今は、自衛隊の訓練内容は精神教育も含めてかなり変わりつつあります。

昔の300メートル射撃から接近戦の10メートル射撃、顔と顔が見えるようなところでの射撃訓練が行われるようになりました。冷戦時代の発想とはまったく違った訓練です。それでないと、PKO派遣だってできない。

伊勢崎…自衛隊を最終的にスペシャルポリスにする。ポリスというかたちでイージス艦に乗せますが、それでいいですかという話になっちゃう。地球上で一番強力なポリスになりますが(苦笑)。いずれにしても、現場で何か事故が起きれば国際人道法で統制されますから、やはりそれに対応する国内法と法廷がないのは、あってはならないことです。

ですから、軍隊にするか軍法会議をもつかというところに感情的な壁があるのだったら、では軍隊にもしないし軍事法定も持ちませんと。これはスペシャルポリスであって、なおかつ国際人道法にフルに対応するための国内法と法廷を持ちますといえば、それで済むことです。

井筒…そのへんが整理されないと、緊急事態条項は意味を持たない

ということですね。

伊勢崎…国際人道法の議論なしに、それは、ありえません。

「護憲」のジレンマ
自衛隊と9条

井筒…伊勢崎さんは先ごろ、『改憲的護憲論』という本を出版された松竹伸幸氏と対談されました。松竹さんは護憲派の代表的な論客です。伊勢崎さんは「新9条」、松竹さんは「改憲的護憲」。どう違うのですか？

伊勢崎…まぎらわしいですけど、松竹さんと私は、「解釈改憲」をもうこれ以上見過ごしては絶対にダメということで、完全に一致しているのです。つまり、国際人道法を主軸にする国際法レジームとの齟齬を積極的に、もう逃げ隠れせず対処する。それを、現憲法下で──加憲することなく──、憲法以外の法整備で、その対処が可能というのが松竹さんの改憲的護憲論。私のほうは、護憲の「精神」の下、権力に一寸もの「解釈」をさせないよう9条2項の全面改正で縛る。

松竹さんは『改憲的護憲論』を書いた動機を「現実に自衛隊が何十年間も存在し続けていて、自衛隊に対する国民の共感も幅広くあるにもかかわらず、軍事力を否定するこれまでの護憲論にずっと納得できなかった」と述べています。

井筒…元自衛官としてまったく同感です。

伊勢崎…松竹さんはこうも言っています。「自衛隊を否定的に捉え、いずれはなくすべきものと考えているかぎり、自衛隊に関する議論は先に進まない。そしてそれは国民世論ともかい離している。

このままだと護憲派は見放されるのではないかと危機感を覚えた」と。

井筒…すでに見放されているのではないですか？　実際、リベラル派の低調は顕著です。私はリベラル派の側に立って平和運動をしているわけですが、実感するのはそのことです。

伊勢崎…現実に、9条は戦後ずっと「護憲」されて今日に至り、自衛隊は世界5指の通常戦力になってしまった。「そこをリアルに見つめて、自衛隊が必要だということを前提に、護憲の立場から問題を提起していこうという思いで書いた」と松竹さんは言う。

井筒…護憲派の中からこういう議論が出てきたことは非常に歓迎すべきことだと思います。

伊勢崎…15年前であったら、松竹さんの議論に120％賛成していたでしょう。でも残念ながら、2018年の今となっては、ちょっと遅かった（笑）。

井筒…遅いですね。

自衛隊のジブチ駐留と 日本の「法の空白」

伊勢崎…この15年で何が変わったか。小泉政権以降、自衛隊の海外派遣が劇的に変わりました。旧民主党政権時にもグンと加速しました。それに伴い、大規模な事故、国際法上の「軍事的過失」と見なされるものが起きる可能性がかつてなく高まっています。今この瞬間に起きても全然おかしくない。

　再三取り上げたジブチの自衛隊駐留は決定的です。

井筒…自衛隊の海外軍事基地第一号といってよいでしょう。しかし、

日本の「法の空白」をジブチ政府は日本に確認しなかったのですかね。

伊勢崎…日本みたいな「ちゃんとした国家」が、まさかそんな「無法国家」だなんて誰も思いませんよ。奇想天外すぎるのです。法治国家の軍事組織が、軍事過失を扱う法と法廷を持っていない。ましてや、それを外に出すなんて。

井筒…問題は、どうして、これが放置されてきたか、ということです。

伊勢崎…これは、ジブチ国民に対する「人道問題」そして「人権問題」なのです。なんでこれをスルーしちゃうような国民性になってしまったのか。特に一番敏感でなければならないリベラル層が。

井筒…日本がジブチに実質的な軍事基地をもっていることを、どれだけの日本人が知っているのか。ましてや、そこでの地位協定のことなど、知る人はごく少数ではないですか。

伊勢崎…それでは済まされないでしょう。9条の国の海外駐留ですよ。国家が犯す人道問題に国民を不感症にさせる構造を見なければなりません。私は、その元凶は9条2項だと思います。

「護憲」のために歴代の日本政府がやってきた解釈は「自衛隊は"軍"ではないのだから軍事的な過失は犯さない」というものですよね。

井筒…「原発の安全神話」とまったく同じですね。

伊勢崎…はい。日本政府だけでない。なぜか、護憲派リベラルの知識人も、護憲派の憲法学者も、この解釈は一致していて、これを前提として「護憲」の理論を組み立てています。だから、日本国内で米軍のオスプレイが落ちることを心配しても、ジブチで自衛隊ヘリが落ちることを「想定外」にできる。

井筒…つい最近、自衛隊機が日本でも墜ちました。ジブチで墜ちないという保証はありません。事故が起きたら、どうなるか。そして、ジブチの国民が、そしてジブチの野党が、日本には海外での過失を裁く法がないと知ったらどうなりますか？

伊勢崎…日本政府が、いくら地位協定を承諾して裁判権を放棄したのはジブチ政府だと言っても、ジブチ政府は、そんなこと聞かされてないと反論するでしょうね。そして、国際社会は、ジブチ政府の言い分を疑いなく支持します。

　それくらい「法の空白」は奇想天外なことであり、これで地位協定を結ぶということは、直裁すぎる「外交詐欺」なのです。前代未聞の外交問題になるでしょう。

井筒…同時に、その事故は、日本国内でも政治利用されるでしょうね。海外派遣中の自衛隊に何かあったら内閣が吹っ飛ぶと言われた時代はとうに去りました。「だから9条が悪いのだ」と、私たちが望まない改憲の方向に使われると思います。

伊勢崎…そのとおりです。護憲派として、そのリスクはしっかり考えなきゃいけない。だから私は、護憲派の手で改憲案を提示するしかないと言っているのです。

井筒…そうはいっても、護憲派の9条改憲への抵抗は理屈を超えたところにあります。

　ある意味、それは岩盤です。

伊勢崎…もちろん私だって、善良な護憲派を敵にするのは嫌ですよ。「9条を変えろ」と発言するとヒステリックな反応が返ってきます。そのほとんどはお年寄りです。善良な、戦争が嫌いなお年寄りの皆さんです。

　彼らにとって9条は1つの宗教ですからね。一般論として、い

ままで信じ切っていたものに横からチャチャを入れられるときの信者の心情は、私が勤務してきた原理主義がはびこるイスラム社会と同じで、痛いぐらい理解できます。

ただ問題は、いま自衛隊が現に置かれている、そして、これからも置かれるであろう国際情勢の激変です。

井筒…それが、即、そして直に、日本の国防の問題に跳ね返ってくる。

伊勢崎…ジブチは、イスラム教スンニ派の国です。今のところは平和ですが、イラクとシリアでのISは封じ込められ、今心配されているのは、その分散です。ジブチにもその影響はいつか現れるはずです。

現地社会は、いつでも豹変するのです。反駐留軍感情は、いつでも「事件」が引き金を引く。「補償」では済みません。現地社会は、正当な法の裁きを求めます。

井筒…これは、「自衛隊を外に出さなければいい」という問題ではないですね。安倍政権の安保法制以前から、防衛出動はできたのです。これからもできるのです。

伊勢崎…尖閣のような国内か国外かが微妙なところで偶発的な衝突が起き、自衛隊が防衛出動したとしましょう。もし、自衛隊の弾が中国艦隊の横に"たまたま"いた漁船に当たってしまったら。同じ軍事的過失です。

ただでさえ重大な外交問題になるのに、「法の空白」で、日本は壊滅的な外交危機に立たされる。

冷戦期を経て、対テロ戦、シリアに見られる新たな冷戦の勃発を迎えた今、レジームとしての国際法は大きな過渡期にあります。「思考停止」は許されないのです。思考停止の構造的な元凶である

9条2項をいじらず、その他の法律の整備で済む話か？

　私はそうは思いません。ここが、松竹さんの改憲的護憲論と私が違うところです。

憲法を変えなくても？

井筒…伊勢崎さんと対談された松竹氏は「たしかに軍事的過失を扱う法体系がこの国にはない。いまジブチで軍事的な大事故が起きたら大変なことになる。でも、私はそれを解決するのに、憲法改正が必要とは考えません。むしろ、憲法改正ありきで進めたら、そっちのほうがはるかに時間もかかるし、非現実的だと思う」と言っておられましたね。そこは、どうですか？

伊勢崎…松竹さんはそのあと、「問題なのは、憲法（9条2項）が交戦権を否定しているからといって、交戦にともなう事柄は一切議論しないという状況のほうでしょう」とも言っておられました。「交戦」に対する思考停止が問題だと。そこは同じです。でも、その思考停止の元凶は、やっぱり「9条2項」なのです。実態としての、そして国際法的に軍事組織である自衛隊が、憲法で否定されているのに存在し、戦争しちゃいかんという「言付け」だけで、世界中フラフラ出て行くようになった。こんな滅茶苦茶なことがなぜ可能で、日本人がそのことを批判しないかというと、「9条2項」を守るということが正義になっているからです。

井筒…そこが、リベラル派の人たちにはよくわからない論点です。なぜ「9条2項」が元凶なのか。法の空白を埋める法整備は、憲法を変える、変えないの手前でクリアできるのではという主張です。

伊勢崎…たしかに、そうですね。松竹さんもたとえばコスタリカを引き合いに出して、「憲法で常備軍を否定しているけど、交戦状態になることを想定した法整備はしている」と言います。

たしかに、コスタリカから学ぶべきは、常備軍があるかないかではなく、常備軍がなくても有事の際に発生する「戦力」の国際法上の違反行為を国家として法で裁く責任を、法整備できちんと果たすということですよね。

でも、コスタリカには「9条2項」はないのです。9条が許すとする「交戦」はするのに、それは国際法上の「交戦」ではないなんていう、へんてこりんな憲法問題はないのです。

井筒…そういう意味でも、いつ変えるかはさておき、日本国憲法は国連憲章にシンクロさせないといけないと。

伊勢崎さんがそうした刺激的なことを発言されて、リベラル派の目が開かれるというのは大事なことだと思います。

伊勢崎…私たちの選択肢は限られていて、憲法9条2項を変えるか、憲法は変えずに自衛隊法とか、海外での過失を扱える特別刑法等で対応するのか。他に、憲法76条（「特別裁判所は、これを設置することができない」）をいじるという手もあるけど、そうすると改憲になってしまいます。

井筒…「憲法の文面上、形式上のことを考えても、交戦権の否認を規定した憲法のもとでも国際法上の義務の法制下はできるはずだ」と松竹さんは言っておられます。少なくとも、憲法に手をつけるよりはずっと簡単だと。

伊勢崎…でも、憲法9条2項をそのままにして法整備しても、根源的な矛盾はどこまでも残るのです。なぜなら、「戦力は持たない」と言っているのですから。責任ある主権国家として、改憲抜きで国

際法にちゃんと準拠した法体系をつくれるか。私は非常に悲観的です。

というか、われわれの「志」にかかってくると思います。国際人道法で定義される戦争犯罪をどんな国よりも厳しく罰する国内法を持つこと、これを、平和国家の冠たる証しとするべきでしょう。

「国外犯規定」の日本の刑法を国外の過失にも対応できるように改正することは簡単でしょう。今すぐやるべきです。そして、前述の2004年の「国際人道法の重大な違反行為の処罰に関する法律」は、同法の違反行為のうち、はっきり言ってどうでもいいものに対する法律です。これを拡大することも可能でしょう。

しかし、それは、フルではない"小手先"なものになるはずです。

国際人道法へのフルの対処は、現在の自衛隊法における自衛隊員が主語の「武器び使用」を、国家が主語の「武力の行使」へと日本の根本的な法理を変換し、違反行為の事犯を「一般過失／犯罪」ではなく国家の指揮命令系統に責を負わせる「軍事過失／犯罪」を審理する仕組みが、特別法と法廷なし、つまり9条2項と76条の改憲なしにできるとは思えません。

私は法律の専門家ではないので、ここで留めておこうと思います。その筋の専門家の意見を拝聴したいですね。その際、いいですか、繰り返しますが、それは"小手先"じゃなく、フルの国際人道法の重大な違反行為への国内法の対応です。それも、世界で冠たる「志」をもって、国家の交戦における違反行為、武器の使用を、どの国にも先んじて批准し、国内法を整備し、常に世界を先駆する日本の体制をつくりあげる。それは、9条2項をこのままにしておいて可能か？ということです。

そこまでやる必要はないという声が聞こえそうです。じゃあ、平和憲法の国家などと名乗らないことです。

井筒…同感です。

伊勢崎…でも、日本国民の大半はこの国際法上の無法状態を「とんでもないことだ」というふうには受け取っていない。憲法学者も、です。日弁連や地方の弁護士協会に呼ばれる講演の機会に恵まれているのですが、なんと、法曹界も同じです。

「9条2項」の解釈にかまけている間に、非常識が常識になってしまった。「9条2項」には、もう、「ご苦労様」と言う時期なのではないでしょうか。

安倍加憲に対抗するには、もはや「新9条」しかないのです。私の「新9条案」については本書の冒頭で詳述しましたので、ぜひ熟読吟味していただき、ご意見を寄せていただければと思います。

第7章

日米地位協定を
正常化せよ

なぜ日米地位協定を
変えようとしないのか

井筒…伊勢崎さんは、9条改定とセットで「日米地位協定」を改定しろというのが持論ですね。

伊勢崎…「改定」というより、「正常化」ですね。

　日本は日米地位協定の被害者だと主張する人たちがいますが、私に言わせると、冗談じゃないです。国連の地位協定は、たとえば日米地位協定よりもっと派兵国に有利です。それに、自衛隊が「派兵国」として、ずっと入ってきたということを私たちは知るべきです。米軍の駐留する地域で米軍による過失が起きるたびに、日米地位協定を変えろとわれわれは抗議します。しかし、もし米軍と同じことを現地で自衛隊がやったらどうするか。それを日本人は少しも考えない。

井筒…自衛隊が地位協定を踏んで海外に行くという認識が日本人にはありません。あぶない地域だからこそ、ちゃんと協定を結んで免罪符をもらって行っている。つまり南スーダンも国連と地位協定を結んでいます。

伊勢崎…はい。国連PKOが各派兵団を代表して南スーダン政府と結んでいます。裁判権の問題とか、輸出入にかける関税の問題とか。構造は、2国間の地位協定と同じです。

井筒…しかし、裁判権は、現地にもっと不利なのですね。

　日米地位協定の場合は、一応公務外であれば日本の裁判所で裁くということになっているわけですね。身柄の引き渡しも要求できる。

伊勢崎…そうです。裁判権は、公務外であれば、原則、受入国にあ

るというのが。一般の地位協定の考え方です。ただ、警察が捕まえる前に米軍施設内に駆け込まれたら、それを強制的に日本に引き渡せと要求する権利はありません。

2016年4月、沖縄県で起きた米軍の軍属による強姦殺人事件の場合は、犯人が駆け込む前に日本の警察が捕まえたからよかった。

井筒…公務内・公務外で区別する。それが地位協定の原則ですね。

伊勢崎…軍隊を異国に置くための地位協定に対して、いわゆる外交特権というものがあります。外交官の赴任地政府からの訴追免除には、公務内・公務外の区別はありません。絶大な特権です。でも、それは外交官という兵器を持たないシビリアンに対する特権であり、そして大使館を置き合う外交関係にある両国は、お互いにこの特権を認めあっている。地位協定のように「一方的」ではないのです。

国連職員というのは、国際外交官とみなされ、赴任国で外交官と同じ特権があると見なされます。実は、国連平和維持軍もふくめて、全部「シビリアン」としてこの特権を享受するのです。さらに、国連PKO活動での国連要員への数々の殺人、誘拐事件の多発を受けて、1994年には「国際連合要員及び関連要員の安全に関する条約」という、国連要員への攻撃を犯罪化する条約が発効され、PKOの受入国を含むほとんどの国連加盟国が批准しています。

このように、本来、兵器をもった軍隊はシビリアンではありませんが、国連平和維持軍だけはシビリアンとして、外交特権に加えて「保護特権」も享受する存在と見なされるのです。

しかし、国連平和維持軍が「交戦」に入ったときは、どうか。「交戦」は国際人道法が統制します。そして、敵対する交戦主体の双方へ「同等に」、違反行為をしないよう「堂々と戦う」こと

を求めます。だから、国際人道法の「交戦」の世界では、片方だけが「保護」されるのはおかしくなる。

　だから、国連平和維持軍は、戦闘状態、つまり「交戦」にはいったら、その「保護特権」を喪失して、敵対勢力と「同等」になるという法理上の考え方がとられるのです。そして、1999年の国連事務総長告知にあるように、公務内・公務外の過失・犯罪の発生時に、受入国の訴追免除の地位協定上の特権を担保しつつ、各派兵国の国内法廷による訴追を義務付けているのです。これは、自衛隊の施設部隊にも、もちろん適応されます。

井筒…日本の部隊なら日本国で裁くということ。

伊勢崎…そうです。再三繰り返しますが、日本には、その国内法廷がない。戦争兵器を使った命令行動で想定される大規模な軍事過失はおろか、小規模な一般過失でさえ、海外のものは裁く法体系そのものがない。ですから、それが施設部隊であろうとPKO部隊派遣の資格がないのです。

　国連ではなく、日本が自衛隊駐留のためにジブチと2国間で結んだ「日ジブチ地位協定」、正式には「ジブチ共和国における日本国の自衛隊等の地位に関する日本国政府とジブチ共和国政府との間の書簡」では、日米地位協定にあるような公務内・公務外の区別はなく、国連の外交特権と同じです。

井筒…つまり自衛隊は日本における米軍よりも、それを単純に比べていいかという問題はありますが、現地での法的地位は高いと。

伊勢崎…高いですね。神様みたいなもの。加えて、日本には海外での一般過失さえ扱う法がないのです。「国際人道主義」「国際人権主義」に対する、これ以上の愚弄はありません。

井筒…ただ現実的には仮に女の子を犯して殺してしまったら、もち

ろん知らんぷりはできないですね。

伊勢崎…レイプだったら、これは犯罪だから、日本の刑法の管轄内です。しかし、「交戦」が発生して、その際の誤射、つまり過失が問題なのです。

だからほんとうは、威嚇射撃も認めてはいけないのです。私が東ティモールPKOで管轄したオーストラリア軍とニュージーランド軍は、威嚇射撃は国内法で認められていません。故意に撃っても、威嚇射撃のつもりで間違って当たってしまった、つまり業務上過失だと言い張れる。そうさせないように、威嚇射撃を法的に認めていないのです。

井筒…自衛隊では、威嚇しなければいけない敵が撃ってきたら、まず威嚇しろとなっています。しかし、威嚇しただけでは相手に余裕を持って撃ち返されます。自衛隊が威嚇した後には自衛隊は負傷するか死ぬかということです。

南スーダンにいた日本の自衛官は、威嚇射撃も任務の内で、正当防衛が認められる範囲では武器を使っていい。ただ、それにはまず相手が撃ってくるという前提条件と、身に危険が迫るか、保護すべき人を守るためにやむをえず反撃するという状況でないといけないのです。

その方程式に合致しないかぎり銃は使ってはいけない、威嚇射撃もしてはいけない。これは全然現場の状況に即していない。

伊勢崎…国連PKOの標準ROE（武器の使用基準）では、威嚇射撃は認められています。しかし、1999年の国連事務総長告知では、各々の派兵国の事情、たとえばオーストラリアやニュージーランドのように威嚇射撃を禁ずる国内法があれば、そっちを優先していいと謳っています。

井筒…駆け付け警護の自衛隊員のヘルメットにビデオカメラを付けて、その映像で検証して正当防衛か正当防衛じゃないかを判断すると言っている。もう論理がほんとうにメチャクチャです。敵を見たら撃っていい、保護のためにはしょうがないという仕組みで、歩兵部隊の普通科連隊をちゃんと使うように正さないかぎり、現地派遣は無理です。自衛隊員がかわいそうです。

伊勢崎…そうですね。ふつうアメリカ兵が付けているカメラは俊足な作戦履行に生かすためであって、個々の発砲の許可のために付けているのではないですから。

井筒…頭の上にそんなビデオカメラなんか付けたらうっとうしくてしょうがないですよ。私だったらたぶん、意図的に落っことして壊れましたと言います。

伊勢崎…結局日本という国は、国家の命令行動の過失を自衛隊員の犯罪として個人に押し付けるしかないわけです。カメラを搭載させることは、国家の無責任を証明しているようなものですね。

井筒…カメラを付けていたら、やはり正しいのか正しくないのかと躊躇しますよ。ふつうに撃てません。それでもし武器の不具合のせいで撃ったら、それも大問題。

伊勢崎…結局、自己責任で撃て、と言っていることですね。

井筒…ちゃんと整備ができていないなどと言われます。ゲーム感覚でカメラを使えと言われても困ります。この法案に賛成した国会議員に体験的に2泊3日ぐらいで、現地に行って来いと言いたい。外に出なくていいから、宿営地に泊まって現場はどうなのかと見てくるぐらいはやってもらいたい。

伊勢崎…野党の議員も、ですね。同感です。

井筒…せめて自衛隊か警察が使うぐらいの武器に手馴れていて、多

少の事態にはなんとか対応できる人たちに一次的にとっかかりをつくってもらうしかない。

　それはなにも国会レベルだけではなく、地方議会でもきちんとPKO派遣の合意・妥協点を見出せなかったら事態は1ミリも前に進まないですよ。9条とPKO参加5原則に固執していても、もう無理です。もうそろそろ腹をくくるしかないんじゃないでしょうか。

伊勢崎…いくらなんでもPKO参加5原則は、と見直す動きは、防衛省にはあるようです。でも、9条2項の問題を解決せずに、そっちだけ見直しても、結局、政治的に「もっと撃て」という、それだけになってしまいますから。現場に送られる個々の自衛隊員の人権問題はさらに悪化する。

井筒…国民の意思をちゃんと示して、自衛隊員の命のリスクを下げるという現実に即した制度化をはかるべきです。

伊勢崎…今、とりあえず何から始めなければいけないかというと、旧民主党政権にいた野党が頭を下げて歩み寄るしかないですね。自民党が歩み寄るわけがないので、そこから始めないと。

井筒…日本維新の会のある議員から、いつまでも反対側に立ってギャアギャア吠えているんじゃなくて、俺たちと一緒に政治を動かしてなんぼやろと言われました。

伊勢崎…そうですか。

井筒…かなりパンチのきいた人たちがいっぱい集まっています。

伊勢崎…それは良い知らせです。

　日ジブチ地位協定は、9条2項の国際法との齟齬が生んだジブチの民衆に対する日本国による構造的な人権侵害です。しかし、護憲派が、9条2項の護持のために、この人権侵害に沈黙しなければ

ならない。私は、国際人道法的観点から、この人権侵害を糾弾し、即刻の自衛隊撤退を訴えるのですが、その私を、護憲派の一部は、改憲派右翼と呼ぶ。ツケは彼ら自身に返っていくのに。

翻って日本が被害者側にある日米地位協定の改定に、このツケが重くのし掛かるのです。

異常な日米関係の元は「日米地位協定」

井筒…日米地位協定は世界的に見ても異常というか、日本には屈辱的なものですね。

伊勢崎…はい。日本と同じように米軍が駐留する、そして日本と同じ敗戦国であるドイツ、イタリアを含むNATO諸国、そして冷戦後「平和のためのパートナーシップ」としてNATO友好国として組み入れられたハンガリーやポーランドのような旧東側ブロック諸国、そしてアフガニスタン、イラクなど現在アメリカの戦場になっている国々と、アメリカが結ぶ現代の地位協定の「国際標準」から遠く離れています。

「国際水準」とは何か。

たとえば、「自由出撃」などありえません。平時の訓練においても、日本のように米軍に「事前通知」してもらえるか否かではなく、すべて受入国が「許可」するものです。というのも、米軍に勝手に出撃されたら困るわけです。報復を受けるのはこっちで、米軍は海の彼方に逃げればいいだけですから。

井筒…ベトナム戦争のときは沖縄の基地から爆撃機が毎日のように出撃しましたが、日本政府は何も言えませんでした。

伊勢崎…それは冷戦下の時代ですから、他の国の地位協定でも微妙です。東側と、アメリカを中心とする西側の対立構造が顕著で、やはりアメリカにいてもらわないと困るという引け目が地位協定を支配していた。米軍による事故が起きても、まあ国防のためにしようがないか、と。しかし、ソ連が崩壊し冷戦が終結すると、その引け目も消失するのです。

この状態で、地位協定を維持するにあたって、アメリカは工夫を迫られるようになります。それは、地位協定において、受入国の「主権」を重視することです。これが「国際標準」です。そして地位協定は変化するのが「国際標準」なのです。

井筒…たとえばトルコもスペインも、過去に米軍機の領空通過にNOと言ったことがありますよね。

伊勢崎…はい。今では、それが「普通」なのです。では、なぜ日本ではそんな異常な事態が続いているのか。問題の根幹にあるのが、日米地位協定です。

日本国内であれば、在留外国人でも、すべての事件に日本の法令が適用されます。これが「属地主義」と呼ばれるものです。国連ができる前からある、国際関係の基本中の基本の原理ですね。

そこに「例外」を設けるのが、大使館員等のための外交特権であり、そして、何らかの理由で駐留する外国軍のための「地位協定」なのです。

驚くなかれ、現在日本の外務省の公式見解は、「一般国際法上、駐留外国軍に国内法は適用されない」（※注）ですが、これ、まっ

※注　2018年5月、国会の外務委員会で「一般国際法」とは一体何なのかという野党の質問に北米局長と条約局長がしどろもどろになり、現在はこのようになっている。
外務省HP：https://www.mofa.go.jp/mofaj/area/usa/sfa/qa03.html

たくのウソです。

　地位協定が駐留外国軍に与える特権は、一般国際法上の「例外措置」なのです。それが、例外でないのは、国際法上の「交戦」つまり戦争中、もしくは「軍事占領」中だけであるというのが、当のアメリカ政府の見解なのです。(※注)

　日本は今でもアメリカの軍事占領下にあるのか！ということですが、歴代の日本政府は、全力で「国際標準」を国民に隠そうとしてきたのです。

井筒…沖縄で悲劇が起こると、一時的に地位協定改定の声が盛り上がりますが、いつの間にかトーンダウンしてしまう。米国との地位協定改定を勝ち取った国はたくさんあるのに。

伊勢崎…でも、日本はそこまでいかない。冷戦後、日本以外のすべての国が「国際標準」を勝ちとってきた歴史は、すべて米軍による事故に怒る市民運動が率いてきたのです。日本は、辺野古反対とか、海兵隊反対とか、県外移設とかにトーンダウンしてしまう。

井筒…なぜ、そうなるのでしょう？　地位協定改定を要望する声が途絶えているわけではありません。米軍基地を抱える14道府県は、渉外知事会で毎年議決をして、ここを変えてくれと外務省に要望を出しています。しかし、全然変わっていかないのも事実です。

　基地のある自治体が抱える典型的な問題の1つに、米軍機の飛行訓練ルートがあります。米国本土であれば、事前に訓練ルートが他の飛行機に知らされます。「その時間帯は来るなよ」と。ところが、日本での飛行訓練はまったくの無法状態。どこを飛んでもいいという傍若無人な状態が続いています。

※注　Report on Status of Forces Agreements: https://www.state.gov/documents/organization/236456.pdf　p12, footnote #6

伊勢崎…その理由は、主権に関わる国民問題ではなく、「迷惑施設」を押し付けられた沖縄の問題になってしまうからです。沖縄への過度の米軍基地集中です。沖縄の反対運動が高まると、なぜか本土では、やつらは民族自決運動、つまり日本からの独立を企てる反日分子だ、というふうに、捻くれに捻くれた国粋主義を刺激してしまう。本来であれば、それは「占領者」に向かうハズなのに。

実は、もうひとつの理由があります。こっちの理由のほうが本質的です。

地位協定の国際標準は「互恵性」

伊勢崎…どこの国でも、地位協定改定を望む運動の中心になるのは、市民社会やリベラル勢力です。実際、改定を成し遂げたのは、すべて、そういう力です。韓国が休戦状態であることを考えれば、いまや日本だけが取り残されています。

井筒…なぜそんなことになってしまったのでしょう？

伊勢崎…現在、アメリカが結んでいる地位協定の「国際標準」である、受入国の主権の重視の1つの現れは、「互恵性」です。地位協定上の同じ特権を、アメリカと受入国が同等に認め合い、「法的に対等」になるということです。

たとえば、地位協定を国際標準に「正常化」させたフィリピン。今フィリピン軍がアメリカに駐留し、自動車で公務の移動中にアメリカ人を跳ねて死亡させた場合、アメリカ国内の事件でもアメリカに裁判権はありません。

もちろん、こういうケースが実際に起こる確率は、米軍が起こす事故に比べて非常に小さいものでしょう。でも、それを想定し

て、法的な対等性を外交関係に体現する。そして、その受入国の国民にわかるように、地位協定の「運用」ではなく、「改定」という形にする。これを、法的な措置でできる軍事事故に対する最大の抑止力として国民に訴え、それで地位協定の「安定」を図る。

井筒…日本では米軍が何か不祥事を起こすと、政府は「厳しく運用するよう米軍に申し入れる」と言うばかりです。

伊勢崎…アメリカは、事件が発端で反米感情が起こり、全軍撤退という事態を過去に何度も経験しており、外交の失敗と捉えています。地位協定の「安定」を求めているのはアメリカのほうなのです。「互恵性」を相手国に認めることは、地位協定が危うくなったときの対処に一番有効な外交カードであると。

井筒…理屈では、「アメリカができることは相手国もできる」ということですね。

伊勢崎…そうです。それは「アメリカがして欲しくないことは、アメリカも相手国にやらない」ということですから、自ずと"注意深く"なるはずです。制度としてできる最大の抑止力ですね。

　そして、日本の「横田空域」みたいなものは、アメリカは自国内に他国のために認めるわけがありませんから、「互恵性」が支配する地位協定では、その概念さえ、存在しないのです。

井筒…日本の主権が及ばない治外法権の空域ですね。

伊勢崎…NATO諸国の地位協定の文面では、たとえば日本国とかアメリカ合衆国とかの「主語」はありません。あるのは、「派兵国」と「受入国」だけです。全ての取り決めにおいて「逆がありうる」のです。この「互恵性」は、なんと冷戦下では敵であった旧東側ブロックの国々にも認められているのです。日本が目指すべきは、ここなのです。

井筒…現在、日米地位協定がそうなっていないのは、単に日本政府の不作為ということなのですか。

伊勢崎…外務省のホームページで如実に現れている国家としてのウソは、前述の通りです。でも、他の国々の地位協定を英語ですが根気よく読めば簡単に分かることを、なぜ、一番敏感でなければならないリベラルの側が、批判力にならなかったか。ここに、戦後70年間、ずっと、政府のウソを放置させてきた元凶があると思います。それが、9条「護憲」です。

　国際水準に地位協定を「正常化」させることは、繰り返しますが、アメリカと法的に対等になることです。地位協定ですからその対等とは、つまり、日本がアメリカと「軍事」の面で対等になるということです。これを、まず概念として、リベラル・護憲派が受け入れますか？

井筒…責任は、「軍」を認めたくないリベラル派にもあると。

伊勢崎…本来なら地位協定を変える旗手になるはずの彼らが、ここで思考停止になる。すると「反米」「反米軍基地」に逃げ込むしかなくなる。地位協定の改正、正常化に行かない。

井筒…厳しい指摘ですね。

伊勢崎…もうひとつ、アメリカはいざ「互恵性」の外交交渉となったら、ジブチや国連PKOの地位協定のところで詳述した日本の「法の空白」を必ず突いてきます。「日本には軍事過失を扱う法体系がないでしょう?」、「え、海外の一般過失を扱うものもない? ふざけないでくれ」と。私がアメリカの交渉官なら絶対にそこを突きます。それじゃあ、正常化は無理だね、と。

井筒…ジブチに対してできた「外交詐欺」は、アメリカはお見通し、ということですね。

伊勢崎…「自衛隊を海外に送っても、9条の力が撃たせないのだから、撃った結果の過失を想定しなくてもいい」。これが、護憲派が、9条2項を護持するために捻出した解釈です。そして、この点では日本政府と護憲派は見事に一致してきた。軍事事故の想定をしない「法の空白」は、それを想定してジブチに裁判権を放棄させる「外交詐欺」まで働くようになった。

そして、今、互恵性が地位協定の国際標準になる中、世界で唯一変わらない日米地位協定を正常化させようにも、同じ「法の空白」が立ちはだかる。

9条2項があるかぎり、日米地位協定は変わりません。沖縄の悲劇もこのまま続きます。

地位協定改定は反米運動ではない

井筒…日本では、地位協定の改定を反米の動きと捉える向きが多いのではないでしょうか？

あれだけ虐げられている沖縄でも、じゃあ日米安保を廃棄すべきかとの問いには、維持すべきだという声のほうが多いようです。結局、安全保障のことはアメリカに任せているという気持ちが抜けきらない。

伊勢崎…日米安保廃棄と日米地位協定の改正は区別して考えるべきです。安保廃棄、「米軍出ていけ！」というのは、アメリカにとっても外交的敗北です。凶悪な事件が立て続けに起こったり、火山が噴火したりで、実際に追い出された経験を経ています。

井筒…フィリピンのことですね。

伊勢崎…はい。イラクもそうです。

イラクで米軍は紛争の当事者として地上戦を戦っていましたから、本当に民間に甚大な被害を与えていたのです。その引け目でアメリカは地位協定の交渉で強く出られない中、イラク政府側がどうしても公務内・公務外の両方で裁判権を譲らず、交渉決裂、米軍撤退となりました。

井筒…「公務内の裁判権の放棄」はアメリカにとってのレッドラインですからね。

伊勢崎…でも、ドイツでもイタリアでも米軍による凶悪事件が起きましたが、「米軍出ていけ」ではなく、地位協定改定の交渉の大きなカードとなりました。ですから、単純な反米運動と、地位協定を今の国際標準に正常化するというのは、はっきり分けて考えたほうがいいと思います。

井筒…「単純な反米」と言うと、リベラル派は怒りますよ（笑）。

伊勢崎…いえいえ。怒らせて構いません。反米というのは思想としてはあっていいと思いますが、運動としては単なる「現実逃避」です。私だって、いつか米軍に出ていってほしいですよ。きれいさっぱり。でも、それを理想として、そこに着実に至るための政治的ロードマップをどう描くか。これは別の話です。可能なことをまずやり、それを積み重ねて理想に至る。じゃないと、運動のほうが、凶悪事件が起こるのを心待ちにすることになってしまう。「国際標準」への正常化に向けたアメリカとの交渉は、「他の全ての国ではやっているのに、なぜウチだけ？」と言ってやるだけで、実現できるのです。ただし9条2項が起因する「法の空白」を解決すれば、ですが。

ですから、私の「新9条論」は、9条2項の全面改正と日米地位協定の「正常化（すなわち国際標準化）」がセットなのです。

忘れてはならない
「もう1つの地位協定」

井筒…アメリカが地位協定の改定をやりたがらないのは、いまだ朝鮮戦争が終わらない準戦時状態だからだという指摘もあります。いざというときに、アメリカは好き勝手に自国軍を動かしたい。

伊勢崎…はい。ここで、日本が受入国として締結しているもう1つの地位協定が問題になってきます。「朝鮮国連軍地位協定」です。

朝鮮国連軍は、国連憲章第7章に基づいて安保理が統括する「国連軍」ではなく、米軍司令官の統一指揮下で活動する多国籍軍です。根拠となる安保理決議は、1950年に北朝鮮が韓国に侵攻した直後に、ソ連欠席の下で採択されました。この決議により、「国連軍」の名称と国連旗を用いることを認められたのです。

朝鮮戦争は現在も「休戦状態」なので、朝鮮国連軍も残っています。現在は、在韓米軍司令官が朝鮮国連軍司令官を兼務しています。そして、日本にも朝鮮国連軍の後方司令部が横田基地に置かれ、7つの米軍基地（東京都の横田基地、神奈川県のキャンプ座間と横須賀基地、長崎県の佐世保基地、沖縄県の嘉手納基地、普天間基地、ホワイトビーチ）が朝鮮国連軍の基地にもなっています。これらの基地には、日米の国旗とともにブルーの国連旗が立てられています。

そして、日本政府は、朝鮮国連軍に参加する12カ国（アメリカ、オーストラリア、英国、カナダ、フランス、イタリア、トルコ、ニュージーランド、フィリピン、タイ、南アフリカ）と「朝鮮国連軍地位協定」を締結しています。

つまり、日本は、米朝開戦によって、休戦の当事者国でもない

のに、「自動的」に戦争の基地となり、米軍の出撃にノーと言えない日米地位協定によって、上記の7つだけでなく、全ての在日米軍基地が戦争の基地となる「自動交戦国」なのです。

　他国の戦争から中立であるための国際法（中立法規）の要件は、「基地を置かせない、通過をさせない、金を出さない」ですから、それを全部やっている日本は、米朝開戦によって「自動的」に国際法上の「交戦国」になるのです。

井筒…いつまで朝鮮戦争のときのままにしておくのですかとアメリカに言わないと。

伊勢崎…たとえ自衛隊が攻撃に加わらないのに日本の本土が攻撃されても、日本が北朝鮮に違法だと文句をいう国際法上の根拠は、ないのです。

　本書では、すでに自衛隊は「交戦主体」になっている現実を話題にしてきましたが、それでも9条は日本を交戦する自由を制限していると信じたいなら、護憲派は、ここで、現実をしっかり認識するべきです。日本には「交戦しない自由」がないのです。アメリカを体内に置く他の国々には、当然のこととして、あるのに。

VFPと帰還兵たちの悲劇

伊勢崎…井筒さんは「VFP（ベテランズ・フォー・ピース）」日本支部共同代表に就任されたわけだけど、VFPのメンバーと戦争のリアリティについて議論を交わすことはあるんでしょう？

井筒…よく話します。レンジャー部隊として海外に行ったメンバーにしても、海兵隊の特殊部隊としてイラクに派遣され、民家の襲撃を繰り返した帰還兵にしても、いくら殺人罪免除の適用がある

といっても一人の人間ですから、それをずっと背負いながら生きていくのは精神的に非常にキツイと。

　生きて帰ると故郷の町や村では英雄扱いで、センセーショナルに出迎えとかをやってくれる。そうすると「正義のための戦争」という国のプロパガンダを崩すことができないし、真実も語れない。やがて社会になじめなくなり、ホームレスに転落していく人もでる。

伊勢崎…なるほど。

井筒…年間6500人もの帰還兵が自殺しているというのがアメリカの現実です（2012年のデータ）。

　圧倒的な武力で現地を制圧してもその後の統治がうまくいかない中で、戦場に送られた貧困層出の兵隊たちが民家で殺戮を繰り返しやらされる。そうして精神を病んで帰国し、やがて心身ともに壊れていく。

　それを考えると、極力軍事力に頼らないで平和裏に解決するという選択でいいという結論に行き着くわけです。

　そういう意味で、日本は憲法9条をもっと世界にプレゼンして広めていくという方向で頑張るほうがいい。武器はあるけど実戦経験もない自衛隊は無理して戦争現場へ出かけなくていいんじゃないか。そんな発言が出たりするわけです。

　それからアメリカは内政干渉をし過ぎだと。もっと地域に任せたらいいのにという意見もあります。

　今アメリカの基地は国内外全部入れると800ほどあります。その800基地のありようも、結局内政干渉をしたいからじゃないかと。それらの国々がもろ手を挙げてアメリカ軍に駐留してほしい、一緒に攻撃してほしいという話ではまったくない。内政干渉から

アメリカは手を引くべきであると。

伊勢崎…VFPには8000人を越えるメンバーがいるらしいから、意見も多様ですね。

井筒…そうですね。基本理念として核兵器の廃絶や、軍縮を進めようとか、内政干渉をやめようというのはありますが、それ以外は自由に発言していいとなっています。

面白い意見として紹介したいのは、戦争は軍事産業のための公共事業だという見方です。

アメリカは、2016年だけでアフリカ地域も含めた全世界で2万6000発ぐらいのミサイルを発射しています。そうすると、2万6000発×1発1000万円。莫大な金が平和のためと称して使われているわけです。戦争という名の公共事業。その現実をもっと世界は知るべきだと。

日本の辺野古基地にしても、あれが完成してしまえば、アメリカは戦争をするときの本拠地として使うのは目に見えている。日本の主権としてそうされてしまうことがいいのかいけないのか、日本人がきちんと判断をすべきだと。

横田基地や横須賀基地、沖縄の嘉手納基地など、朝鮮戦争のときからずっと日本は9条があるのに戦争の片棒を担いできた。その現実がまぎれもなくあって、そういうことをどうするんだとか。

伊勢崎…先ほども言った「交戦しない自由」のない国は、自分の意思でない交戦が引き起こす被害から身を守る自由がないことですから、「自衛権」を放棄していることです。自衛をしない主権国家はありませんので、これが、GHQが9条で日本に背負わせた本当の意図だと思います。日本を永久にアメリカの軍事部品にする。

井筒…アフガン派遣のレンジャー部隊に行っていたVFPのメンバー

が今年日本にやって来て、いつも死と隣り合わせのアメリカ軍や連合国軍の兵士を含めた検討をしないといけないと言っていました。

　結局、アメリカのいう自由とか正義の戦争には全部国益が絡んでいて、国益にならない戦争はアメリカはやらない。そういうことをちゃんと見ていかないとダメだと。

平和構築学と若者たち

#筒…最後に、真っ先に戦争の犠牲となるはずの若者たちの話をしましょう。

　先だって伊勢崎さんがNHKのEテレの「SWITCH」という対談番組に出演され、ダンサーの菅原小春さんとコラボされたのを面白く拝見しました。あのなかで伊勢崎さんは東京外大で留学生相手に国際関係論の平和構築学の授業をされていましたが、紛争地からやって来た若者が多かったですよね。伊勢崎さんは今の若者をどう見てらっしゃいますか、日本の若者も含めて。

伊勢崎…菅原小春さん、ほんと、まっさらな感性でした。対談の中で、彼女、すごく意味深なことを言っていたんです。「愛があるかぎり戦争はなくならない」って。これ、真理だと思う。

#筒…あの番組で一番印象的だったのはアフリカ、シエラレオネの少年兵です。伊勢崎さんがかかわって作られた200もの小中学校で学んだ少年たちが、やがて銃を持つコマンドとなり、ラップ音楽に乗って戦う。

　あの光景を日本人がリアリティをもって捉え返すことができたら、こういう議論がもうちょっと一般化していくんじゃないかと

思ったのですが。

伊勢崎…日本は銃刀法の規制が奇跡的にうまくいっている国だから問題が起こらないだけの話であって、基本的に若者はどこでも同じです。反社会的になれる。年寄りはなれない。だから、アラブの春でも、革命の主役は若者です。その行動が、壊滅的な内戦になるかどうか。シエラレオネの内戦は、最初は、そういう「革命」だったのです。

ですから教育は大事だし、大人も頑張らなければいけないのですが、教育はそれほど単純ではないですね。

井筒…平和教育ということですか？

伊勢崎…平和教育なんていう言葉はもうやめたほうがいいと思います。日本人がそれを「戦争」「自衛」「自衛戦」、何と呼ぼうと国際法上の「交戦」だとわかっていないことを、本書で散々証明しました。そんな年寄りが語る「平和」なんて。戦争がわかってないのに平和がわかるハズがない。若者は、もう気が付いていますよ。

井筒…年寄りのほうが平和ボケ？

伊勢崎…現代の戦争に対する臨場感は今の若い世代のほうが持っていると思います。第一、地球の裏側で今起こっている戦争の情報にアクセスできる。これは、昔と比べものになりません。そして、世界の戦争を扱う職能と機会がグンと増えていること。国際機関、国際協力団体、NGO、そしてジャーナリズムの世界の発展です。優秀な日本の若者は、どんどん流出しています。特に、女性。

問題は国内に依然と残留する年寄りたち。総じて現代の戦争を知らない、戦後のひもじかった経験で戦争がわかると思い込んでいる70代から80代ぐらいの人が一番始末におえない。（苦笑）。

井筒…団塊の世代。

伊勢崎…その人たちが投票をし、国内政治のオピニオンボードになっている。だから日本の国家としての戦争観が、激変する国際情勢についていけない。まあ、そういう世代はいずれ去るわけですから、時間の問題ですが。私は、今の若い世代をまったく心配していません。

井筒…そこは伊勢崎さんと少し違う感触を持っています。

　数年前、東大の駒場で講演をしたとき、質疑応答の中である学生が「北朝鮮がミサイルを持っているんだから日本が先制攻撃をしたっていいじゃん」と言ったんですね。平然とそういう意見が出てくる。あるいは、私が「イラク戦争では兵士よりも市民のほうが3万人も多く死んでいる」と言うと、「3万人程度で済むんだったらいいじゃん」という答えが返ってきました。

　確かに戦争の情報化は進んでいろいろ知識として吸収しているんでしょうが、簡単に戦争に踏み切れ、北朝鮮をやっつけろという若者の感性に出会うと、一部ではあるんだろうけど、たじろいでしまいます。

　現場に出る自衛隊員が死ぬというのはどういうことなのか、皮膚感覚でそれがわかる想像力を求めたいなあと思うわけです。

伊勢崎…はい。どんな世代でも、変な連中は必ずいます（笑）。

井筒…そこでお聞きしたいのですが、平和構築の授業では具体的にどんなことを教えていらっしゃるのですか。そして学生たちはどんなことを議論しているのでしょう？　みんなで一緒に考えるのが私の授業だとおっしゃっていましたが。

伊勢崎…私の学生は、全て、アフガニスタン、イラク、シリアなどの紛争国からの留学生です。どんな紛争・戦争を経験した社会で

も、ある共通の課題があるわけです。戦争責任をどうするか。どこまでそれを許せるのか。殺しあった人間たちの和解は可能か。国家の安全保障のために国民の自由の制限はどこまで許されるのか、とか。

井筒…留学生の国によって意見が違うということですか？

伊勢崎…はい。だからこそ、日本という第三国に来て、母国のしがらみに囚われず自由に議論できることに意味があるのです。問題を抱える個人は、その問題が世界で一番深刻だと考える傾向があります。これは人間の性ですね。これを認めつつも、いかに個の問題を他の個の問題で多様化（diversity）させるか。こんな試みを大学という場所でやっています。

日本の私の大学をハブとして、そういう複数の紛争国の大学を特別な機器で、リアルタイムでマルチにつないで討論しています。

今夜も授業があってパキスタンの大学とつなぎます。パキスタンは今ご存知のようにテロとの戦いの最前線ですからね。「テロリスト」は彼らなりに今の社会のあり様に怒っているわけです。社会に不正義があるとしたら、それへの怒りは当然として、そういう怒りの一部はなぜテロリズムに走るのか。なぜ全ての宗教・思想は、暴力を厭わず「過激化」するのか。これが、今のテーマです。

井筒…日本の政治家を連れてきて伊勢崎さんの授業を受けさせたらどうですか（笑）。

伊勢崎…この様な試みに賛同してくれる政治家がいてくれると、本当にうれしいですね。でも、相手の国の学生たちに、日本の政治家は圧倒させられるだけだと思います。たぶん議論にもならない。「主権」に対する真剣度が段違いですからね。

二度と「民族」として殺されないように、他国から蹂躙されないように、そして、そういう純粋な動機が逆に民衆のあいだに壊滅的な「分断」を生まないように、「主権」という空間を命がけでつくる、まもる。分断を引き起こすかもしれない諸刃の剣の民主主義を基盤として。

　政治家ではありませんが、戦後活躍したある日本の外交官のことを最近知ることになりました。日本の「分断」の象徴である沖縄の返還のためにアメリカと闘った当時の外務省北米第一課長の千葉一夫です。1972年のことですね。「僕は、外務省で1つだけやりたい事がある。それは沖縄だ。沖縄を取り戻したい」という強い思いを胸に、沖縄返還交渉に挑んだ。

　その彼を題材に、1つの映画が封切りになりました。「返還交渉人　いつか、沖縄を取り戻す」(監督：柳川強)です。頼まれて、映画のパンフレット用に書いた私のコメントがこれです。これを本対談の結びとしたいと思います。

　沖縄返還のために主人公・千葉一夫が奔走した50年前と今。核兵器持ち込み。アメリカのベトナムなどの交戦国への自由出撃。これらは今だにアメリカの「政治的配慮」に委ねられたままである。

　アメリカの「地位協定」の世界標準では、自由出撃は、その概念すら存在しない。アメリカが何を持ち込むか、何をするかは、全て、受入国の「許可制」である。

　なぜか？　それが「主権」だからである。

おわりに

吉永小百合さんへ

伊勢崎賢治

小百合さんとお呼びするのをお許しください。私は幼年期よりあなたの数々の名作に触れ、映画人としての小百合さんを心から敬愛し、原爆詩の朗読を続けてきたあなたの揺るぎない人道性に心打たれるものであります。

2018年の9月のことになりますが、私も、昔から親しくしているピースボートの「折り鶴プロジェクト」の一環で、被爆者の方々と共に同船に乗ってきました。寄港地シンガポールで地元の小学校の児童と被爆者の方の交流は感動の連続でした。気持ちを引き締めてこれを書いています。

被爆者の方々をはじめ日本を代表するピースボートの尽力があって「核兵器禁止条約」が成立し、ICANがノーベル平和賞を受賞したのは、本当に心踊る思いです。小百合さんも「核兵器禁止条約を知らない人が日本には多い気がする」と指摘し（毎日新聞 https://mainichi.jp/articles/20180925/k00/00m/040/051000c ）、日本が同条約を批准することを願っておられることを知りました。僕もはげしく同意するものであります。

一方で、今一度、この条文の中身を読んでいただきたく思います。「国際人道法」という単語が再三再四にわたって謳われ確認されていることに気づくはずです。

国際人道法とは、いわゆる「戦争犯罪」を定義するものです。そうです。核兵器禁止条約の目的は、核兵器の使用を同法によって明確な戦争犯罪に認定しようとするものです。

終戦前は戦時国際法と呼ばれていた国際人道法のような、いわゆる国際慣習法は、歴史的に人類が綿々と積み上げてきた貴重な、何ものにも代えがたい合意事項です。

人類はまだ合意事項の違反者を強制的に裁く地球政府のようなものは持ち合わせていませんので、その合意の違反者を裁くのは、その合意事項を批准した各々の国家にその責任が委ねられます。国内法の整備という形で。

ここで1つ重大な問題が発生します。日本です。日本には、この国際人道法が定義する戦争犯罪を厳罰化する国内の法体系が存在しないのです。

おわかりになりますね。日本は、戦争をしないという憲法を持つのはいいのですが、なぜか、それが戦争犯罪を想定すべきではないというふうに解釈されてきたのです。本来であれば、世界のどの国よりも国際人道法の違反を厳罰化する国内法を誇ることで、平和国家の面目躍如とするべきだったのですが。

これもおわかりのとおり、もし世界の国々が、「戦争しない」という自己申告だけで、自らが戦争犯罪を犯すという想定をしなくて済むとなったら、国際人道法も、核兵器禁止条約も、その存在意義を失います。

日本に戦争犯罪を想定させない原因は何か。

はい。9条2項です。

戦争犯罪はおろか、それを犯すであろう「戦力」を、同項は日本に認識させないのです。自衛隊という、国際法では明確な「戦力」、それも世界で5指のものを保持しておきながら。

もちろん、「"いつか"戦力を無くすから」という自己申告で、戦争犯罪の想定をしないで済ませるという理屈は、成り立ちません。

小百合さん、「核兵器禁止条約を知らない人が日本には多い気がする」という前に、「国際人道法を知らない人が日本には多すぎる」のです。「核兵器禁止条約」の日本の批准と、9条2項の「護憲」は、残念ながら、両立しません。

どうか、これが、あなたの耳に届くことを。

伊勢崎賢治

対談を終えて

元自衛官の視点から、「憲法改正」そして「戦争と平和」を考える

ベテランズ・フォー・ピース・ジャパン共同代表
井筒高雄

憲法9条に「加憲」をすると自衛隊はどうなるのでしょうか。安倍首相は「自衛隊の任務や権限は変わらない」と言いますが、ならば、なぜ憲法に自衛隊を「明記」する必要があるのか。命を懸ける崇高な使命というのは警察官や消防士、海上保安官も同じです。
　「自衛隊に誇りを」「自衛隊ありがとう」という耳当たりのいいキャッチコピーを掲げ、憲法改正に邁進することが、自衛隊の「士気」を高める唯一の政策判断なのでしょうか。9条改正が現実味を帯びるなか、自衛隊の置かれた現状について少し述べたいと思います。
　その前に、元陸自レンジャー隊員でもある私の立ち位置を明確にしておきましょう。私は9条をイデオロギー論争にするつもりはありません。むしろ「改憲派」といわれる方々とも議論し、ちがいを認めながら、「専守防衛」に徹した自衛隊への理解を深める言動を心がけています。
　私たちは戦争のコストやリスクを引き受ける覚悟があるのか。戦場のリアルとはどういうことなのか。政府は説明をしませんが、9条加憲の先にある「戦争当事国」とはどんな国なのか。現実を知り、リテラシーを高めることが、考える土台となるはずです。

9条改正は
自衛隊のためというが？

　2018年9月の自民党総裁選など、安倍首相は憲法改正議論では常に「自衛隊の違憲論争に終止符を打ち、自衛官が誇りを持って任務を全うできる環境を整えることは、今を生きる政治家の責務

だ」とのコメントをしてきました。また、同年10月の自衛隊記念日観閲式の訓示のなかで、自衛隊最高指揮官として次のような発言をしています。

> 今や、国民の9割は、敬意をもって、自衛隊を認めています。60年を超える歩みの中で、自衛隊の存在は、かつては、厳しい目で見られた時もありました。それでも、歯を食いしばり、ただひたすらに、その職務を全うしてきました。
> 　正に、諸君自身の手で、信頼を勝ち得たのであります。次は、政治がその役割をしっかり果たしていかなければならない。全ての自衛隊員が、強い誇りを持って任務を全うできる環境を整える。これは、今を生きる政治家の責任であります。私はその責任をしっかり果たしていく決意です。御家族の皆様（中略）大切な伴侶やお子様、お父さん、お母さんを、隊員として送り出してくださっていることに、最高指揮官として、心から感謝申し上げます。（中略）自らの職責の重要性に思いを致し、気骨を持って、日本と世界の平和と安定のために、ますます精励されることを切に望み、私の訓示といたします。

　これを聞けば、隊員や家族の思いも高揚されたことと推察します。しかしながら、自衛官が任務遂行のために命を落とした時には、ある種の裏切り行為にも等しい、厳しい現実が待ち受けています。

隊員遺族への
「賞恤金（弔慰金）」の実態

　これは、対談の中でも述べていることですが、大事なことなので繰り返します。

　「賞恤金」とは遺族への補償となる、一般でいうところの弔慰金です。自衛隊の前身である警察予備隊以降、2018年10月時点までで、1964人の隊員が殉職をされています。しかし、これら全ての隊員に「賞恤金」が支給されたわけではありません。

　安倍首相は、「自衛隊発足以来、1800人が殉職した」と述べました（安保関連法案を閣議決定した2015年5月の記者会見）が、賞恤金が支給された自衛官の数は公式資料に挙がっている2002年までで332人。全ての殉職者に賞恤金が支給されていないことがわかります。防衛省人事教育局によると2009年以降に支給されたのはわずか「4件」に過ぎないのです。

　自衛官も国家公務員で、任務中の死亡に対しては共済年金の遺族年金が支給され、勤続年数や死亡時の階級に応じた退職金も支給されるからよいということなのでしょうか。

　イラク派遣と南スーダンPKOで公表された賞恤金の額（本文64ページ参照）はあくまで上限であり、全員にその額が支給されるわけではないのです。額は死んでみないとわからない。支給されるのかどうかもわからない。しかもイラク派遣から南スーダン派遣では賞恤金の上限が減額されています。これで最高指揮官の安倍首相から「自衛官に誇りを」「ご家族のみなさんに感謝申し上げる」と言われても、あまりに虚しいではありませんか。

　防衛省人事教育局の見解は、「賞恤金の金額は、任務の危険度

や障がいの程度などにより、個々のケースで判断する」というものですが、可能な限り明確な基準をつくり、自衛官と家族の不安を払拭するべきでしょう。

憲法9条を改正して、自衛官に誇りを与えても解決しない問題はまだあります。任意という名の強制保険といわれ、ほとんどの自衛官が加入する「防衛省職員団体生命保険」です。戦場で死亡すれば保険は支払われると思うかもしれませんが、〈保険金・給付金をお支払いしない場合等（詳細）〉を読むと「戦争その他の変乱」は原則保険金が支払われない契約となっています。これは一般の生命保険でも同じ。元自衛官の目から見ると、こうした現状をそのままにしておいて「誇り」を振りかざすのは、自衛官の気持ちを全く理解していないと言わざるをえません。

次に、自民党の9条改正案を改めて検証してみます。

自民党の9条改正案に込められた本音は?

もし日本に9条がなければ、ベトナム戦争時には、まちがいなく韓国と同様に派兵することになっていたでしょう。韓国は実際に延べ32万人を派兵しました。戦死者は約5千人、負傷者は約1万人ともいわれています。日本も韓国と同等か、それ以上の犠牲を強いられていたことでしょう。

ベトナムだけではありません。当時の米国は徴兵制が敷かれており、多くの若者を戦場に送っています。殺戮を繰り返す戦場で犠牲になるのは被害国だけでなく、加害国の国民も、なのです。政治家は戦争の「決断」をするだけで、戦死することはない。戦

争のリアルについて、もっと想像力を働かせ、その上で、自民党が2012年4月に発表した改憲草案を読み直してみます。重要なポイントは次のとおりです。

- 9条1項と2項を改め、「9条の2」を新設する。
- 9条2項は、戦争放棄を定める1項の規定について「自衛権の発動を妨げるものではない」とする。
- 「9条の2」では、「我が国の平和と独立」や国民の安全を確保するため、「国防軍」の保持を明記。「国防軍」に対する首相の指揮権と、活動に際しての国会承認など〈文民統制〉も盛り込む。

新設される「9条の2」を素直に解するならば、これまでの9条2項の「戦力の不保持」と「交戦権の否認」の理念は失われてしまいます。これは、2018年3月に公表された自民党憲法改正推進本部の9条加憲「たたき台素案」でもしっかりと踏襲されています。

自民党改正案の「9条の2」
　①前条の規定は、我が国の平和と独立を守り、国及び国民の安全を保つために必要な自衛の措置をとることを妨げず、そのための実力組織として、法律の定めるところにより、内閣の首長たる内閣総理大臣を最高の指揮監督者とする自衛隊を保持する。
　②自衛隊の行動は、法律の定めるところにより、国会の承認その他の統制に服する。

これは明らかに、戦後75年目を迎えた日本の平和主義が「9条の2」の新設で大きく転換されようとしています。つまり、①自衛隊違憲論と安保法制違憲論（私も違憲訴訟の原告となっている）が弱まる ②専守防衛に限定されなくなる ③存立危機事態に限定されなくなる、という3点で従来と大きく変わるのです。

　「9条の2」では「我が国の平和と独立を守り、国及び国民の安全を保つために必要な自衛の措置をとること」が明記されています。自衛の措置とは「戦争当事国」になることに他なりません。またこうなれば、徴兵制についても憲法18条で禁じられている「意に反する苦役」に該当しないとされていくでしょう。

「緊急事態条項」の新設も大問題だ

　現行憲法にない「緊急事態条項」についても言及しておきます。公明党や野党の慎重論を踏まえ、戦争などの人災には触れず、緊急事態を「大地震その他の異常かつ大規模な災害」と定義する。しかしながら、これで問題が解決するわけではありません。私の危惧する点を記します。

- 緊急事態宣言は閣議によって発令できる。国会の承認は事後でもよい。
- 国会が機能停止。内閣が法律と同じ効果を持つ政令を出して国政を動かす。
- 都道府県知事、市町村長、国民も従う。

- 緊急事態を発令すると国会議員の任期は延長。
- 首相が全権を握り、独裁国家状態になり得る。暴走したときの歯止めがない。

戦争などの人災を除くのであれば、災害対策基本法を「改正」し、被災地域の知事や市町村長に権限と財源を移譲することで十分機能します。阪神淡路大震災（1995年）や東日本大震災（2011年）など大災害の発生時には、もちろん自衛隊が派遣されました。なぜその節目で着手せず、このタイミングで憲法に緊急事態条項の創設をめざすのか。その本質は、緊急事態宣言をすれば、瞬時に国民やその財産を戦争に動員できます。自民党の狙いはそこに尽きるのではないでしょうか。

入隊時の「服務の宣誓」と現実の任務のギャップ

自衛隊員は、入隊するとまず、自衛隊法施行規則第39条によって以下の宣誓「服務の宣誓」を行ないます。

> 私は、我が国の平和と独立を守る自衛隊の使命を自覚し、日本国憲法及び法令を遵守し、一致団結、厳正な規律を保持し、常に徳操を養い、人格を尊重し、心身を鍛え、技能を磨き、政治的活動に関与せず、強い責任感をもって専心職務の遂行にあたり、事に臨んでは危険を顧みず、身をもつて責務の完遂に務め、もつて国民の負託にこたえることを誓います。（下線筆者）

自衛隊の発足時から専守防衛を前提にした服務の宣誓に「署名」し、「拇印」をすることで自衛隊への入隊が許可されるのです。ところが、2015年の安保法制の成立により、世界中の戦場や紛争地域でも「命」を投げ出すという、宣誓の「解釈変更」が政治によって余儀なくされました。しかし、そもそも法治国家として最高法規である憲法9条を超越した安保法制を「遵守」する義務はあるのでしょうか。自衛隊は労働基準法の適用除外（自衛隊法第108条）になっていますが、こうなれば、全隊員と「服務の宣誓」を再確認すべきではないでしょうか。

　自衛隊は最高指揮官である安倍首相や政府の負託に応える組織ではありません。「国民の負託」に応える組織であることを、行政府の長であり、最高指揮官である首相は思い起こすべきです。

「災害派遣の自衛隊」は幻想

　世論調査でも多くの国民が自衛隊に期待するのは「災害派遣」です。しかし自衛隊の任務は元々、自衛隊法第3条で以下のように規定されています。

自衛隊法第3条
　　[第1項]
　　　自衛隊は、我が国の平和と独立を守り、国の安全を保つため、直接侵略及び間接侵略に対し我が国を防衛することを主たる任務とし、必要に応じ、公共の秩序の維持に当たるものとする。

[第2項]
自衛隊は、前項に規定するもののほか、同項の主たる任務の遂行に支障を生じない限度において、かつ、武力による威嚇又は武力の行使に当たらない範囲において、次に掲げる活動であつて、別に法律で定めるところにより自衛隊が実施することとされるものを行うことを任務とする。

・第1号
我が国周辺の地域における我が国の平和及び安全に重要な影響を与える事態に対応して行う我が国の平和及び安全の確保に資する活動

・第2号
国際連合を中心とした国際平和のための取組への寄与その他の国際協力の推進を通じて我が国を含む国際社会の平和及び安全の維持に資する活動

・第3号
陸上自衛隊は主として陸において、海上自衛隊は主として海において、航空自衛隊は主として空においてそれぞれ行動することを任務とする。

これと合わせて、自衛隊の主な任務の変遷についても見ていきます。

- 「本来任務」のうち、「主たる任務」は防衛出勤。「従たる任務」は、かつては治安出動・災害派遣などであったが、1992年のPKO協力法に伴って国際協力が新たに「付随的業務」として追加。

- 2006年の改正自衛隊法によって国際協力が本来任務（従たる任務）に格上げ。本来任務は防衛出動・災害派遣・国際協力などに。
- 2015年の安保法制によって「国際協力」の内容は実質的に海外での「実戦任務」に拡大。

　これで、自衛隊の「任務」が専守防衛から180度転換されてきたことがおわかりでしょう。安保法制によって「直接侵略及び間接侵略に対し」と、2項1号「我が国周辺の地域における」が削除されたのです。つまり「専守防衛」ではなくなったのです。「我が国周辺地域」という地理的概念もなくなったので、世界中どの地域へも派遣する政治判断が可能となったのです。

　また、「主たる任務の遂行に支障を生じない限度において」とは、自衛隊の戦争を防げるような「支障」は許されない、ということ。自衛隊は戦争をするのが主たる任務なのだから、平時では災害派遣をすることは可能だが、有事下にあるときは災害派遣は二の次なのです。必要なときには地元や近隣の役所や警察、消防や消防団と町内会で助け合い、対処するほかはないのです。

　「災害派遣の自衛隊」というのは幻想です。むしろ国家によって大量殺害の能力を養成された職能集団であるとの認識を持つべきなのです。

自衛隊員に「授業」はない

　シビリアン・コントロールがあれば、自衛隊は抑制的に機能する。また、先の大戦の教訓や政治の変遷も自衛隊員は授業で学ん

でいる。皆さんは、そう思われるかもしれない。

けれども「服務の宣誓」のところでも述べましたが、自衛隊法第61条で「政治的行為の制限」が規定され、自衛隊員は投票行動以外は政治にコミットすることはできないのです。今も昔も現場の一般隊員たちは、文民統制についての教育を受ける機会はまったくないのが現実です。

自衛隊の組織を大きく分けると、かつての私のような高卒入隊の一般隊員と、防衛大学や一般大学を出て幹部候補として入隊する幹部隊員に分類されます。一般隊員は入隊後、陸上自衛隊なら2等陸士からスタートし、普通は陸曹長か3等陸尉くらいまで行って定年を迎えます。佐官以上になれるのは、よほど頑張って出世した人のみ。大卒の幹部候補の場合は、3等陸尉からスタートし、そこから競争を勝ち抜いた超エリートが陸上幕僚長まで昇り詰めます。

幹部隊員は戦略を作成し、部隊を指揮・命令を下す。准・曹・士に属する隊員は命令に従い戦場の最前線で任務を遂行するのです。

一般隊員は入隊すると最初の半年間は基礎的な教育訓練を受けます。前半の3カ月間は武器の扱い方や射撃、匍匐前進などの最低限の技術を身につける。後半の3カ月は自分の特性や希望によって、専門分野に分かれた教育訓練を受ける。これは完全に「訓練」であり、政治や歴史などに関する「授業」ではないし、ましてや文民統制に関する授業でもありません。

半年後に各部隊に配置されてからも同じです。一般隊員に求められるのは上官の命令どおりに動くこと。そのための「教育」とは自衛隊法第57条による「上官の命令に服従する義務」によって、

命令に忠実に従う精神を養うことであり、それ以外の教育は求められていないのです。

揺らぐ文民統制

2015年6月、安保法制に先行する形で防衛省設置法第12条が改正されました。一般的には、防衛省と自衛隊は同列に思われるかもしれませんが、自衛隊内部の認識は異なります。「制服組」といえば自衛隊を指し、「背広組」といえば防衛省のキャリア官僚を指します。

自衛隊発足から制服組の上に背広組があり、これが歯止めとなって「文民統制」が機能してきた歴史があります。防衛相を補佐する防衛参事官は背広組が独占し、自衛隊の部隊運用（作戦等）の一翼も担っていました。ところが最高指揮官である安倍首相は、2015年3月の防衛省設置法の改正案を閣議決定することで、制服組と背広組を「対等」にしたのです

つまり、「軍事」に関する分野は制服組に、「政策」は背広組に、それぞれ専門的な見地から担わせることにしたのです。この背景にあるのは、米軍との軍事一体化と米国が起こす戦争にスムーズに参加するためだと推察されます。文民統制の弱体化は制服組が暴走した場合の歯止めにはならず、そこに、先の大戦の教訓はみられません。

高齢化、定員割れする自衛隊

戦争が現実味を帯びた今、自衛隊の最大のネックは隊員の高齢

化です。米軍においても、近代戦争では幹部「1名」に准・曹「4名」、士は「10名」という割合です。私がいた1990年代は10〜20代を中心とした「士」がピークを作っていましたが、2011年になるとそのピークは消え、台形型の年齢構成になっています。

　これから実戦に臨まなければいけない自衛隊で、戦力に支障をきたさない層とは25歳以下の「曹」と「士」の階級を指し、戦死をしても入れ替えればいいと認識されています。しかし、30代から40代の「幹部」が戦死するような事態になれば、最新兵器の扱いや戦略の組立、部下への指揮命令が滞り、戦力に支障をきたすことに直結するものです。

　「有事」の際、自衛隊の再編には自衛隊のOBと国民の活用を掲げています。防衛省のホームページ「陸上自衛隊予備自衛官制度」には次のように書かれています。

　「有事の時には、大きな防衛力が必要です。しかし、その防衛力を日頃から保持することは効率的ではありません。このため、普段は、必要最小限の防衛力で対応し、有事の時に急速に人員を集めることができる予備の防衛力が必要なのです」

　平たくいえば、平時には隊員を少なく抑えて、その費用で最新兵器などを充実させ、「有事の時に急速に人員を集める」ということです。

　今や、自衛隊本体はもとより、即応予備自衛官、予備自衛官、予備自衛官補といずれも定員割れとなっています。2019年度からは戦場派遣の可能性がある即応予備自衛官の採用対象を、元自衛官ではない一般公募出身の予備自衛官にまで門戸を広げて、充足率の拡充をめざすとしていますが、これとて単なる数合わせに過ぎません。

有事の際に大量の国民を動員して軍の規模を一気に拡大させるという前提にたてば、もっとも効果的な政策判断は9条を改正し、憲法上の「制約」をなくし、憲法18条で禁止されている「苦役」から「徴兵制」や「徴発」「徴用」を外して合憲化することになってしまうでしょう。

　また、2018年10月からは自衛官の採用年齢が27歳未満から33歳未満へと28年ぶりに引き上げられましたが、こうした小手先の対応で自衛隊の定員割れの歯止めになるとは思えません。32歳の新隊員が19歳の先輩隊員などの指導を受けながら夜間行軍や演習などについていく場面も想定され、体力や気力が持つのかも甚だ疑問です。

このままの改憲は危うい

　冒頭で述べたとおり、自衛官の命の値段はコストカットされ、遺族への補償は今後どうなるのかも不透明な中、自衛隊の最高指揮官である安倍首相が憲法9条の改正へと舵を切り続ける未来は危ういと言わざるをえません。

　戦後、憲法9条とともに歩み続けた日本社会。9条のもとでの専守防衛に徹した自衛隊。9条があるからこそ戦争をしなかった自衛隊の姿は立派な「国防の形」ではないでしょうか。「専守防衛」と「災害派遣」に特化した自衛隊を誇るべきです。憲法改正議論の再考を促したいと思います。

リベラル護憲派の皆さんに訴えたい

さて、本書では、国連PKOミッション幹部として、世界の紛争地で長いこと危険な任務に就いてこられた伊勢崎賢治さんとの対談が実現しました。伊勢崎さんはまごうことなきリベラル派の論客です。しかし、憲法9条の改正を堂々と世に問い、リベラル護憲派の「憲法解釈」を厳しく批判することでも知られます。

実際に私が対談した伊勢崎さんは「憲法改正」を提唱するリベラル派という、これまでの日本には存在しなかった新しい"人種"でした。当然、護憲陣営から激しい反発が出ているのも事実です。

やれ「護憲派の分断を生む」。やれ「対安倍政権に向けた野党の結集を邪魔する」。もっともだと思う一方で、いつのまにか私は伊勢崎さんの9条改憲論法に惹きつけられる自分を意識しないではいられませんでした。それは、元自衛官という私の出自が大きくあずかっているのかもしれません。自衛隊を軍隊と認めず、危険な紛争地へ偽りの装い「施設部隊」として送り込む旧民主党を

含む歴代政権の、テンとして恥じないそのやり方に満腔の怒りを感じているからです。自衛隊員の命をいったいなんと心得ているのか。

　伊勢崎さんの主張はつまるところ、「国際人道法違反の憲法9条をそのままにして、日本の平和と領土は守れない」ということに尽きます。「右からの改憲」が現実化する前に、リベラル側から世界の現実を見据えた「9条改正」を提起すべきだと。

　これはリベラル護憲派の皆さんにとっては、なかなか受容しがたいものであることは重々承知の上、あえて私は皆さんに訴えたいのです。なぜ、伊勢崎さんはこんな主張をするのか、平和運動家としてリベラル陣営に身を置く私がなぜ、伊勢崎さんの主張に共鳴するのか。本書の「はじめに〜私の新9条論」にある伊勢崎さんの9条改正案をとくとご吟味いただき、世界の平和と戦争について一緒に考えていただければ、これにすぐる喜びはありません。

2019年6月

伊勢崎賢治
いせざき・けんじ

1957年生まれ。早稲田大学大学院理工学研究科修士課程修了。2000年3月より、国連東ティモール暫定行政機構上級民政官として、現地コバリマ県の知事を務める。2001年6月より、国連シエラレオネ派遣団の武装解除部長。2003年2月からは、日本政府特別顧問として、アフガニスタンでの武装解除を担当。東京外国語大学教授。プロのジャズトランペッターとしても活動中。著書に『武装解除 紛争屋が見た世界』、『本当の戦争の話をしよう』『主権なき平和国家 地位協定の国際比較からみる日本の姿』（共著）などがある。

井筒高雄
いづつ・たかお

1969年東京都生まれ。高校は陸上部（長距離）の主将。卒業後は円谷幸吉氏にあこがれて自衛隊体育学校をめざし、1988年陸上自衛隊第31普通科連隊に入隊。1991年レンジャー隊員となる。1992年PKO法成立。1993年、海外派兵の任務遂行は容認できないと自衛隊を依願退職。大阪経済法科大学卒業後、加古川市議を2期つとめ、2017年、ベテランズ・フォー・ピース（平和を求める元軍人の会、VFP）日本支部長に就任。現在VFPジャパン共同代表。主な著書に『自衛隊はみんなを愛してる!』など。

［書名］リベラルと元レンジャーの真「護憲」論
［著者］伊勢崎賢治・井筒高雄
［編集］斎藤一九馬・前田和男（同文社）、沢辺均
［ブックデザイン］和田悠里
［発行］2019年6月10日［第一版第一刷］
［発行所］ポット出版プラス

　　　住所 150-0001 東京都渋谷区神宮前2-33-18 #303
　　　電話 03-3478-1774
　　　ファックス 03-3402-5558
　　　ウェブサイト http://www.pot.co.jp
　　　電子メールアドレス books@pot.co.jp
［印刷・製本］シナノ印刷株式会社

Truth "protection of the Constitution" idea of a liberal and the Former Ranger
ISBN978-4-86642-010-3 C0031
©ISEZAKI Kenji, IZUTSU Takao

First published in Tokyo Japan, 2019
by Pot Publishing Plus

#303 2-33-18 Jingumae
Shibuya-ku Tokyo,150-0001 JAPAN
E-Mail: books@pot.co.jp
http://www.pot.co.jp
ISBN978-4-86642-010-3 C0031

本文●ラフクリーム琥珀N・四六判・Y・71.5kg（0.13μm）／スミ
表紙●モダンクラフト・菊判・Y・137.5kg／スリーエイトブラック
カバー●mag・ミスト・四六判・Y・100kg／スリーエイトブラック+TOYO10435／マットニス
帯●マットコート・四六判・Y・90kg／TOYO10435
組版アプリケーション●InDesign CC 2018
使用書体●筑紫明朝・筑紫ゴシック・Helvetica Neue LT
2019-0101-1.5